为了人与书的相遇

Slightly Out of Focus

Robert Capa

失焦

[匈牙利] 罗伯特·卡帕 著

徐振锋 译

广西师范大学出版社

·桂林·

If your pictures aren't good enough,

You aren't close enough.

如果你拍得不够好，

那是因为你靠得不够近。

Robert Capa
(1913—1954)

一

1942年夏

再也不必一早就起床了。我的工作室在第九大街一幢三层楼房的顶层，带一个全景天窗，大床放在一角，电话搁在地板上。没有别的家具了，连个钟也没有。阳光把我晒醒。我不知道现在几点，也不想知道。现金只剩一枚五分硬币。要是电话不响，没有人给我来一顿午饭，一个工作，或是一笔贷款，我会就这么躺着不动。电话没响，但我的胃却叫个不停。我发现继续装睡是没有用的。

我翻了个身，看见门缝下面房东太太塞进来的三封信。过去几周里，我只收到过电话公司和电力公司的账单，所以这神秘的第三封信最终让我起了床。

很显然，第一封是来自爱迪生电力公司的，第二封是司法部的，通知我，罗伯特·卡帕，曾为匈牙利公民，现在身份未定，被列为潜在的外国敌对分子，所以我必须上缴我的照相机、望远镜和枪支等物品，而且任何离开纽约 10 英里以上的旅行我都必须特别申请。第三封是《科利尔》(*Collier's*)杂志的编辑写来的。他说杂志在仔细评估了我的作品剪贴簿两个月后，忽然确信我是一个出色的战地摄影师，并决定给我一项特殊的拍摄任务。杂志社已经为我订好了船票，48 小时后前往英国，信里还附有一张 1500 美元预付金的支票。

这是个有趣的问题。如果我有一台打字机并有足够多的字符可用[1]，我会回信给《科利尔》杂志，告诉他们我是个外国敌对分子，我甚至都不能去新泽西，更不用说英格兰了，我带着照相机唯一能去的地方就是市政厅的敌国侨民财产委员会（The Enemy Aliens' Property Board）。

我没有打字机，但口袋里有一枚五分硬币。我决定扔个硬币试试运气。如果是正，就算顶着谋杀的罪名也要去英国；如果是反，我就退回支票并向《科利尔》解释这个情况。

我抛了硬币，它掉在地上——是反面。

然后我马上意识到，硬币里是找不到未来的，我将保留

1　作者所处时代，主要为针式打字机。——编者

并兑现那张支票，无论如何都要到英国去。

* * *

纽约的地铁接受了我的硬币，银行也接受了支票。我在银行旁边的詹森餐厅花了 2.5 美元吃了顿丰盛的早餐。好了，现在一切都定了，我不可能拿着 1497.5 美元再回头去《科利尔》杂志社，那一定会有麻烦的。

我重读了他们的信，确认我的船将在大约 48 小时之后起航。然后我又重读了司法部的信，想弄清楚该从哪儿开始。我总共需要一张征兵局的豁免证，一张美国国务院和司法部出具的出入境许可证，一张英国签证，以及用来贴签证的护照。要搞到这些东西，我可承受不起一上来就碰壁，所以我要首先找到一个能够听我解释并理解我的人。我碰到了麻烦。可是，美国人才刚开始意识到什么是麻烦，而英国人已经参战两年多，应该已经习惯麻烦了。我决定先从英国这边入手。

从詹森餐厅到机场只有五分钟的路。不到一个小时之后就有一班去华盛顿的飞机。我买了一张机票——《科利尔》的钱还有很多。

两个半小时之后，一辆出租车把我送到了驻华盛顿的英国大使馆门前，我要求见使馆的新闻专员。接见我的是一位身材单薄的英国绅士，他的脸很红，表情厌倦。我报了自己的名字，但不知道该如何开始讲自己的故事。于是我给了他那两封信，一封是《科利尔》杂志社的，一封是司法部的。他读了第一封信，没有任何反应，但他读完第二封信时，嘴角闪过一丝微笑。多少受了这个微笑的鼓励，我掏出那封还没拆过的爱迪生电力公司的信递给他，我知道那是给我的停电通知。他看了之后示意我坐下。

他终于开腔说话，想不到竟然充满了人情味。战前他一直是个地质学教授，战争爆发时他正在墨西哥快乐地研究火山顶层的土壤构成。他不太关心政治，但这是战争，他们征召他做了一名新闻官。从那之后，他的工作就是从英国的利益出发，否决各式各样的申请和要求。他向我保证，说我的情况把他以前处理过的所有案子都比下去了，我是冠军！我心里充满了对他和我自己的同情，于是，我提议共进午餐。

我们去了卡尔顿饭店，在等位子的时候喝了无数杯马提尼。我的英国同伴在喝了酒之后热情了不少，我开始感觉到《科利尔》杂志，这位专员以及大英帝国都已经和我站在一起了。等到终于有了位子，我拿起菜单先点了一份生蚝。五年前，我在法国花重金接受了酒文化教育，至今还记得在每个

有关彼得 · 温莎勋爵（Lord Peter Wimsey）的神秘故事里，吃生蚝时都要配上一种叫蒙哈榭（Montrachet）的最好的勃艮第白葡萄酒。蒙哈榭 1921 列在菜单的最后一行，非常贵，但却是一个令人愉快的选择。专员告诉我，15 年前他在法国度蜜月时，就是用这种酒征服了他的新娘。所以当第一瓶酒喝光的时候，我们正在大谈对法国以及蒙哈榭的热爱；喝光第二瓶时，我们达成了一个伟大的共识，一定要把德国鬼子赶出“美丽的”法兰西。喝完咖啡，就着卡洛斯一世（Carlos Primero）白兰地，我跟他讲了我在西班牙内战时期同共和国军待了三年的经历，以及我是何等理所当然地痛恨法西斯。

回到大使馆，他打电话给国务院。他找到了某个高层人物，并直呼其名，说“老朋友卡帕”就在他的办公室里，有非常重要的事务要去英国，会在 15 分钟后到他那儿办出入境许可证。挂了电话之后他给了我一张写着名字的纸条。15 分钟后，我如约来到国务院。接待我的是一位穿着得体的绅士，他在一张表格上填了我的姓名和职业，签了名，告诉我明早 9 点到纽约港斯塔滕岛（Staten Island）的入境办公室领取许可证。然后他送我到门口，松了口气，像老朋友一样拍拍我的背，对我眨着眼，并祝我“好运！”

回到大使馆，我发现我的专员朋友表情严肃，甚至有点担忧，直到我告诉他第一步十分顺利，他才放松下来。这一次他打电话给驻纽约的英国总领事。他说“老朋友卡帕”将前往英国，万事俱备，只缺护照。过了10分钟，打了几个电话之后，这位大使馆的海军武官、教授已经和我在一个小酒吧里举杯预祝我旅行的成功了。现在我该去赶飞机了，在离开之前，专员向我保证他会给英国的每个港口传信说我会搭船来英国，随身会携带照相机和胶卷，我会得到各方的帮助，被安全送达伦敦的海军部大楼。

在回纽约的飞机上，我下了一个结论，那就是英国人真是一个伟大，他们具有出众的幽默感，当你身处绝境，英国人会是你最好的帮手。

* * *

第二天早上，纽约的英国总领事认为我的情况很不平常——但这场战争同样很不平常。他给了我一张看上去很平常的白纸，让我写下姓名，解释没有护照的原因，并注明我要去英国的事由。

我写下关于我的情况，罗伯特·卡帕，生于布达佩斯，霍尔蒂海军上将（Admiral von Horthy）和匈牙利政府从没喜欢过我，我也从没喜欢过他们。自从希特勒吞并了匈牙利之后，匈牙利领事馆就既不承认也不否认我是匈牙利人。所以，只要希特勒还控制着匈牙利，我就肯定拒绝匈牙利国籍。我从小就受到我的犹太祖父的照顾和庇护，所以我痛恨纳粹，并认为我的摄影作品会对反抗纳粹的宣传工作有用。

我交还这张纸的时候有点担心我的拼写，但他在上面盖了章，用一条蓝带捆着它，就这样，我的护照诞生了。

* * *

早上我就要出发了，还缺四五张次要的许可证没搞到。我的母亲，她就住在纽约，一直陪着我。我忙着搞这些必要的盖章的纸片时，她就坐在出租车里等我。每次我回来的时候，她都静静地坐着，试图从我的表情里读出答案。那天早上，她内心的挣扎肯定十分剧烈，为了我的前途，她希望我能拿到所有的许可证顺利离开；而作为一位母亲，她却在心里祈祷最好有什么事出错能阻止我再次踏入战争。

我终于办齐了所有的证件，但比开船的时间已经晚了一个半小时，我母亲最后的希望就是我的船已经开走了。

但我们赶到码头的时候，那艘又脏又旧的商船还停在那儿。一个高大的爱尔兰警察拦住了我，我给他看了我的证件。

“你迟到了，”他说，“你最好利索点。”

我母亲只能送到这里了。此时，她不再扮演“战时伟大母亲”的形象，而变成了一个内心充满爱的犹太母亲，长久以来压抑的泪水从她美丽的褐色眼睛里涌出。那个身高两米的爱尔兰警察伸手揽住我一米五几的母亲说道：“女士，我请你喝一杯。”

我最后吻了母亲一下，然后奔向船的跳板。

我最后看到的美国是那爱尔兰警察和我母亲走向酒吧的背影，矗立在酒吧旁边的摩天大楼仿佛突然微笑了起来。

二

我上船虽然匆忙，却还不是最后的迟到者，在我的脚后还紧跟着两个摇摇晃晃的水手，我就这样大步迈出了美国国土。

站在跳板尽头的船长转向他的船员说道："好啊，这最后两个总算来了，真该遭报应。"接着他看见了我，问，"你是谁？"

"我是个特例，船长。我是个旅行中的敌侨。"

"呵呵，我船上装的货物已经够奇怪的了。让我到船舱里看看旅客名单上是怎么写你的。"

他在旅客名单上找到了我的名字，并查看了我的证件，没提任何问题。

"战争爆发前，"他对我说，"我从西印度群岛运送香蕉和游客到英国。现在，我每次运回家的是腊肉而不是香蕉了，而上层甲板上装的是拆卸的轰炸机而不是游客了。我的船没以前干净了，卡帕先生，但我的旅客舱位空着，而且我相信你会过得舒舒服服的。”

我找到了我的舱位，安顿下来。发动机在嗡嗡地响着。在美国待了两年之后，我终于踏上回欧洲的路了。我的思绪也回到了过去……两年前，我刚从法国飞来，就在这同一个港口，那时我还在担心他们会不会让我入境。那时我的证件也一样是凭空捏造的，我的身份是一个农业专家，要去智利改善那里的农业状况，带着一张允许我在美国停留 30 天的临时签证。那时要在这里登陆可不是容易的事……很难说服他们让我留下……而现在我还只是靠着一个英国教授的奇迹才能离开这里……

我拿出照相机——自从 1941 年 12 月 8 号之后我就再也没被允许碰过它——给自己倒了杯酒，现在我又是个记者了。

* * *

凌晨时分我们的船停靠在哈利法克斯港（Halifax）。船长上岸去接受指令。晚些时候，等他回来后，我得知我们的船将加入一支快速船队，而且我们的船还是领头船，船队的指挥官是一位退休的海军上校，他将在我们船的舰桥上指挥整个船队。

我想象着在《科利尔》杂志上登出一篇四页的激动人心的报道，标题叫《护航舰队的指挥官》，配上一幅戏剧性的照片，照片里一位老船长颤颤巍巍站于舰桥之上，他身后的船在波涛汹涌中起伏。

晚餐过后，指挥官传令让我过去。驾驶台里没什么灯光，但我看清楚他的长相后颇为失望。我想象中年迈的、跌跌撞撞的老水手在现实中是一个穿戴整齐，身体健康的 50 多岁的绅士，跟我想象中唯一相似的地方是他也有两道浓密的眉毛。我做了自我介绍，他回应说他是爱尔兰人，然后马上接着说他对电影圈非常感兴趣，很喜欢某些好莱坞女明星。整个旅程他都必须坚守在舰桥，但我可以每晚都上来跟他讲讲好莱坞的趣事，作为交换，他很愿意告诉我关于这支船队的任何事情。

这笔交易很不公平。因为这位指挥官熟知他的船队，而我却从没去过好莱坞。但我不忍心告诉他，他读错了我的名字，我并不是那个著名的电影导演弗兰克 · 卡普拉（Frank Capra），而是鲍伯 · 卡帕（Bob Capa）。于是在接下来的旅程中，我不得不扮演山鲁佐德[1]，我唯一的希望就是这件事不会真的持续一千零一夜！

我们在港口过的夜。早上，指挥官问我是否愿意和他一起去见见船队的几位船长。我们船队的大多数船都是外国来的，指挥官总要费老大的劲才能跟他们说清楚。来自瑞典和挪威的船长请我们喝了威士忌，他们都说着一口流利的英语；荷兰船长有不错的杜松子酒，交流完全没有问题；法国船长有上好的白兰地，我做了翻译；说着飞快的希腊语的希腊船长有一种极烈的，叫做 Ouzo 的茴香酒。我们总共去了 23 艘船，喝到了 23 个国家的好酒，见识了 23 种民族性格。在回去的路上，指挥官不停抱怨着这些疯狂的外国人，让我为自己会说英语而感到很骄傲。

下午船队很快排好了队形，所有的船分成四排，每排六艘船，每船之间相隔 1000 码。护卫舰队由一艘驱逐舰和五艘轻型护卫舰组成，看上去有点单薄。

在舰桥的第一晚，主要是指挥官在讲其自身经历。一战期间他曾是一艘驱逐舰的舰长，到 1918 年，他已经领导着整

1 Scheherazade，《一千零一夜》中苏丹新娘的名字，以夜复一夜给苏丹讲有趣的故事而免于一死。——译注

支舰队了。他不断地提到像泽布吕赫（Zeebrugge）和加利波利半岛（Gallipoli）这样的名字。他讲完自己的故事，就开始问我丽莲·吉许[1]最近怎么样。我告诉他吉许小姐身材保持得很好。那晚我离开的时候，我们之间的友谊已经有了一个很不错的开头。

海上的最初四天我在无聊中度过。白天我拍摄从桅杆到机房见到的每一个人和每一件事，而晚上我就到舰桥上给指挥官讲述我在牙医诊所的娱乐杂志里看到的所有明星故事。我向他暗示我是个很正派的人，但他仍然认为我肯定也多多少少卷入了这些好莱坞的丑闻。作为交换，他告诉我有一次他率舰队开往苏联的摩尔曼斯克（Murmansk），靴子竟冻结在甲板上，整整三天没法移动。指挥官在公海上航行时从不喝酒，而我的口袋里装着随身的酒壶，边跟他聊边来上两口，用来抵抗寒冷。午夜过后，靠在舰桥的栏杆上，我有时觉得自己好像是在第三大道（Third Avenue）某个漆黑的酒吧里。

到目前为止，我的“北大西洋战役”过得非常愉快——事实上简直是太愉快了。然而，船员们完全不理会我对动作

1 Lillian Gish，美国电影女演员。代表作有《一个国家的诞生》、《太阳浴血记》等。——编注

场面的渴望，他们压根就不在乎将来登在《科利尔》杂志上的报道是不是精彩。

第五天我碰到了真正的北大西洋大雾。驱逐舰在我们的船旁边停下，用信号灯给我们传信息。指挥官转过头对我说：“如果你在大雾里也能拍照，卡普拉，这下你就能抢到独家新闻了，一队德国潜水艇在前面 30 英里的地方等着我们呢。”

不管有没有雾，指挥官都决定改变航线。现在我们在舰桥里还看不见我们的船尾，而且还严禁使用无线电通讯，与船队保持联系只能使用雾号（foghorn）。那艘应该在我们左面的挪威油船从右面回应了两长三短的汽笛信号；那艘希腊货船原先是船队的最后一艘船，离我们有 3 英里，现在却在我们船头前方 50 码的地方按了三声长汽笛。总之，这 23 艘船上的雾号发出的号声响得连柏林都能听见。指挥官咒骂着所有远的或近的船长。但此时没必要担心撞船。德国潜水艇已经发现我们了，我们的护卫舰正在投放深水炸弹。

我把我珍贵的护照和《科利尔》杂志给的钱裹进防水烟草袋里，心里却为我无法拍到如此精彩的场面而感到遗憾。

指挥官发出信号让船队散开，从现在开始，每艘船就得靠自己了。不止一次我听到其他船向我们的船靠近，而且靠得很近，但深水炸弹的爆炸声却离我们越来越远了。

48 小时后，大雾被灿烂的阳光刺穿。其他 23 艘船都在周围，甚至连护卫舰队都在。实际上，我们还保持着队形，只是原来在中间的船现在在外围，原来拖在最后的希腊船现在却开在最前面；而我们的船落在很后面。

* * *

此时海平面上出现一个黑点，过了一会儿它开始发射信号弹。我们船上的信号兵铁板着脸把信号翻译给我们听："报告长官，是皇家海军"收获者"号驱逐舰（HMS Harvester）请求我船分一些啤酒给他们。"

"告诉他们过来拿吧。"

于是那艘驱逐舰绕着船队转了几个花哨的弯之后，喜气洋洋地开到我们船边。那位英国驱逐舰舰长站在舰桥上，用扩音器对我们说："看见你们真高兴，长官，你的船队竟然全都在。"

"很高兴见到竟然没有啤酒的英国海军！"

"我们用完了深水炸弹，只能扔啤酒桶招呼德国佬了！"

* * *

我们船的桅杆上突然升起一面我看不懂的旗帜。信号兵告诉我这意思是：“很高兴在大家后面领航，但请恢复原先的队形。请注意。”

其他船纷纷回应了信号。挪威油船差点碰到希腊货船；瑞典人全速向后退直到我们看不见为止；法国船报告说他们的锅炉坏了，不得不留在后面。经过四个小时的调整，船队22艘船全速前进。

当天晚上，我到舰桥上找指挥官，他没怎么理我。正当我准备回自己的客舱时，他突然放松下来，问道：“顺便问一句，卡普拉，你见过克拉拉·鲍[1]吗？”

* * *

第二天我们就发现驱逐舰的啤酒桶炸弹并没有发挥作用，那些德国潜艇又把我们包围了。我们的驱逐舰在船队周围发

---

1 Clara Bow，美国电影女演员。曾是二十世纪二三十年代好莱坞最走红的几名电影明星之一。——编注

射了一圈磷光烟幕，然后开始用无线电呼救。照理另一艘游弋的驱逐舰这时候应该与我们会合，所幸他们准时赴约了。作为《科利尔》杂志“北大西洋战役”报道的完结篇，我们见识了英德战舰的一场精彩的近距离激战，而我们整个船队则竭尽全力用所有的炮口发射浓烟。

当我们看到爱尔兰海峡的灯塔时，我已经拍完了所有照片，而我的想象力也已经被好莱坞故事榨干了。

我第一次看见指挥官走下舰桥，现在只有他的信号兵和我在上面。他是个沉默的人，整个旅程中没有说过一句废话。他确认指挥官走了之后，轻声对我说：“这老头是个了不起的家伙，但请允许我说句实话，他告诉你的有些故事……”

他的话让我心情好了不少，但我决定在这里首先要向弗兰克·卡普拉夫人致以诚挚的歉意。

* * *

进入海峡之后，我们改变了队形，两船之间的距离缩短为 100 码。现在，第一次可以使用无线电通讯了，每艘船都被单独告知了停靠地点。我希望我们的船能停在利物浦，并开始计划我在伦敦萨沃伊酒店的第一天。但是战时船只管理局没让我如愿以偿：我们得到命令停在爱尔兰海域，等候贝尔法斯特（Belfast）的进一步指示。

这样我就没法去萨沃伊酒店了。指挥官跟我说这不算太糟，他知道贝尔法斯特哪家酒吧最棒，我可以在那里打发时间，至于他自己，则有一大堆积压的工作要做。

我们的船刚抛锚，就有一艘摩托艇开过来，几个移民局戴礼帽的先生登上我们的船。检查到我的时候，先生们忙着看我的证件，他们一次次地摇晃着礼帽，好像一点儿都不满意。当他们看到我的照相机和胶卷时，帽子摇得就更厉害了。我跟他们提起华盛顿那位海军武官的密码信，但他们一脸茫然。绝望之下，我只能故意开玩笑说我真的不是德国来的赫斯先生[1]，并不是每个人都能用降落伞登陆英国的。但他们并不觉得好笑。他们告诉我，战争时期只有大英帝国的公民才能在北爱尔兰登陆。我只能待在船上，直到我们停靠在英格兰的某个港口。到时那里的政府机构会决定我的命运。

指挥官对我的遭遇深表同情。他把他的舱位让给了我，并跟我说我讲的那些故事非常有趣，然后跟移民局的人一起

1 Rudolf Hess，德国纳粹副党魁，1941 年秘密飞往英国，建议进行和谈，被作为战犯拘禁。——译注

上了岸。现在船的指挥权又回到了船长手里，他安慰我说再过三天他就会接到命令开往英格兰。他还很兴奋地告诉我由于船还没有正式入港，船上的商店仍然对我开放，苏格兰威士忌只要七个多先令。

我搬进指挥官的客舱，叫了一瓶苏格兰威士忌，一边听第一电台的节目，一边玩二十一点。到晚上10点，酒瓶已经喝干，《科利尔》杂志的钱只剩150美元。我又叫了一瓶酒，但是客舱服务员却空着手回来，他用奇怪的表情打量着我，说船长叫我到他房间里去一趟。

我胃里装了过量的威士忌，跌跌撞撞地走向舰桥，隐约有一种大难临头的预感。我在那里认出了船长和两个海军军官。他们叫加比奇和米勒，在确认我的名字叫卡帕之后，他们让我交出照相机、胶卷以及笔记由他们保管。我跟他们说不，我不会那么做。我要和我的照相机、胶卷与笔记在一起。而且，我强调说我到达英国之后理应受到英国海军在设备上的援助，而现在根本就没有，相反，我还被粗暴地搁置在爱尔兰海上的一艘空船上。现在我将待在船上，等我一到英格兰，我就要好好地投诉这一切。

他们两个嘟囔了几句现在是战争时期，然后就退到角落里研究一张神秘的纸条。准备了几分钟后，反复读了那张纸条至少三遍，然后他们走过来坚持要我立即交出照相机、胶卷和笔记。对于这个新情况，我可一点儿都不喜欢。

突然，透过苏格兰的迷雾，我终于明白了所有的事情。我告诉他们两个我知道那张纸条上说的是什么意思。我告诉他们那个华盛顿的海军武官应该给每个英国的港口都发送了密码信，说有一个叫罗伯特·卡帕的人将乘船来，他带着照相机和胶卷——那个人就是我，我和我的照相机将受到友好的帮助，并被安全送达海军部。他们现在需要做的就是回去向驻华盛顿的大使馆证实此事，并通知海军部我就在这艘船上，将于某个时间到达英格兰。

加比奇和米勒看了看这纸条，再互相看看，然后把纸条递给了我。很肯定，那上面说到了胶卷、照相机和卡帕，但由于用密码的形式写着，而且被解密了很多次，现在它的内容就像《圣经》一样可以有无数种解释。此时加比奇的态度一下子温顺起来，问是否可以和我在私下里谈几句。

“我们很肯定你说的是对的，先生，”他踌躇地说道，“我也希望你能信任我们，能相信我下面要告诉你的事。”

我很高兴情况得以改变，继续听下去。

他说他和米勒都服务于贝尔法斯特的海军情报处。他们前一天的工作非常繁重，所以下了班之后他们就去酒吧里喝了一杯。在那儿他们遇见了多年前的一个老同学，现在是一艘扫雷舰的舰长，他邀请他们去他的船上坐一坐，因为那儿的酒比酒吧里便宜得多。事实证明那老同学说得没错，他船上的酒又多又便宜，他们一直喝到刚才才回到办公室。那时他们看见了这张纸条。现在，如果他们空手回到海军情报处，他们就必须承认有特殊情况发生耽搁了他们。如果我不帮他们，他们的麻烦就大了。加比奇继续说，如果我能和他们一起上岸，他们保证我将和我的照相机、胶卷以及所有东西以最快最好的方式到达伦敦。

这种情况下，表现得宽容大度是很容易的。我决定帮助英国海军，带上三瓶威士忌，就跟着加比奇和米勒走了。一片漆黑中，我们从一条摇晃的绳梯上爬下，那里等着一艘我见过的最小的摩托艇，正在不耐烦地上下跳动，我们登上摩托艇开走了。

但我们的麻烦还没完。摩托艇的驾驶员回来告诉我的那两个新朋友说现在是晚上 11 点半，海关和移民局都关了，要明天早上 8 点才开。无论如何我都没法上岸了。

我们三个都非常不高兴，但这次米勒出了个主意：“如果我们能找到那艘扫雷舰，我们就能舒舒服服过一晚，到早上我们再上岸。”

* * *

我们用了两个小时才摸黑找到了那艘扫雷舰。那个舰长在认出加比奇和米勒之后问他们是不是带来了什么好酒。米勒回答说他们不仅带来了好酒而且还有卡帕。舰长以为“卡帕”也是一种酒，就热情地邀请我们上了船。而那个摩托艇驾驶员则在新的麻烦发生之前，很明智地消失在黑暗中。

扫雷舰的舱位勉强能容下我们四个。舰长问起威士忌，我拿出带来的三瓶酒。接着他又问卡帕在哪儿。加比奇就把整件事告诉了他，可他越听越糊涂，轻轻摇着头问：“我只想问一件事：这事到底办成了还是没办成？”

噢，当然办成了，加比奇回答说，而且不管怎样我们现在也没什么可做的。

我们开了瓶，先为英国海军干杯，再为我乘坐的那艘商船干杯，最后为扫雷舰干杯。接着，那舰长转向我说为鲍里斯国王[1]干杯，马上又神秘兮兮地加上一句：“绝无恶意，老伙计，但你不觉得你们的国王站错了队？”

我回答说鲍里斯国王跟我没关系，他是保加利亚人，而

1 Boris Ⅲ of Bulgaria，保加利亚国王，二战期间站在轴心国一边。——编注

且肯定站错了队。我接着说，不幸的是，跟我有关的匈牙利的霍尔蒂海军上将，他也站错了队。舰长为此感到很抱歉，但我们有足够多的事值得干杯，所以也就很快改变了话题。

第二天早上6点，我带着宿醉和沉默不祥的预感醒来。我们刚要给港口发信号叫摩托艇过来，信号兵就进来说接到命令要马上开始在爱尔兰海域扫雷！我们给海军情报处发信号说卡帕将在爱尔兰海域扫雷……一切都将得到解释……

* * *

我们在公海上总共待了三天。在回来的路上我们从头到脚收拾了两遍，然后很认真地排练了一遍我们将要陈述的理由。

船开过灯塔的时候，我们发信号给海军情报处通知他们我们回来了。现在，慢慢靠近港口的时候，我们透过窗子看见那儿有一大群穿着蓝制服的人等着我们。舰长相信他除了指挥权之外没什么可失去的，加比奇和米勒猜想自己会被拘留几年，而我则连想都不愿想。

刚一靠岸，海岸警察就上船来安静地听了我们的陈述。然后他站起来说："你们讲的也许有些是真的，但英国海军有史以来从来没有把扫雷舰当作入境者旅馆的先例。"

他说完就走了，并通知我们负责贝尔法斯特海港的上校先生将亲自询问我们。

上校很快就来了，加比奇、米勒和扫雷舰舰长在解释的时候，他一句也没说。轮到我说的时候，我说我出生在匈牙利绝不是加比奇、米勒和舰长的错……

“在哪儿？”他打断我问道。

“匈牙利，”我回答说，“在布达佩斯。”

上校搓着双手说：“我的孩子，今晚你一定得和我们共进晚餐！布达佩斯！我妻子就出生在那儿。”

扫雷舰舰长得到了三天休假，加比奇和米勒得到了升级的承诺，而我则享用了一顿丰盛的匈牙利晚餐，第二天将由专机送往伦敦。

三

海军部的新闻官接待了我，他的手上拿着一个标着“罗伯特·卡帕”的文件袋。他看看我，再瞥一眼手里的文件，说希望我度过了一个有意思的旅程。他还希望我不要像其他记者那样编造出一些哗众取宠的故事来，最好能把报道集中在那艘商船上。他还很随意地扔出一句，说新闻审查不会允许发表任何有关扫雷舰和海军情报处的报道，因为那并不属于我被指派的报道范围。最后，就在我离开之前，他告诉我《科利尔》杂志社已经来询问过我的到达日期，而且急着要见我。

《科利尔》的“办公室”竟然在萨沃伊酒店一间豪华宽敞的套房，这间套房属于昆廷·雷诺兹。他正在喝一杯黑咖啡，并叫我过去和他一起喝。

满屋子都散落着电报和报纸。报纸上都在惊呼德军入侵北非，电报则都是纽约办公室来的，叫嚷着要卡帕马上去北非报道。雷诺兹冷淡地问我是否已经应征入伍，我回答说我不仅没有被征召，而且我被美国军队，或者除匈牙利之外的其他任何军队征召的可能性都为零。我装得和他一样惊讶于《科利尔》杂志竟然不知道我是匈牙利人。他问我最快什么时候能回到美国。我试图让他相信我有潜力成为一个伟大的战地摄影师，同时我指出《科利尔》杂志出了1000美元把我送到伦敦，也许并不想看到我这么快就回到美国。

喝了几杯之后，我们同意继续讨论这个问题。于是我们来到酒店楼下的萨沃伊酒吧，才刚喝了一杯，昆廷就让了步，承认说派一个匈牙利摄影记者去报道这场战争说不定还挺有意思的。

* * *

不管你是盟友还是敌人，外国人在战时到伦敦要办的第一道手续就是去藤蔓街（Vine Street）的警察局登记注册。我们到那儿的时候门口已经排了很长的队了。

现在是1942年，我怀疑除了罗斯福，昆廷·雷诺兹就是

伦敦，1941 年 6—7 月
哈钦森神父在炸毁的圣约翰教堂做弥撒

伦敦，1941 年 6—7 月
防空队员约翰 · 布拉姆利在兰贝斯区（Lambeth）防空洞 2 号哨站岗，
伦敦大轰炸期间，他每日 24 小时执勤

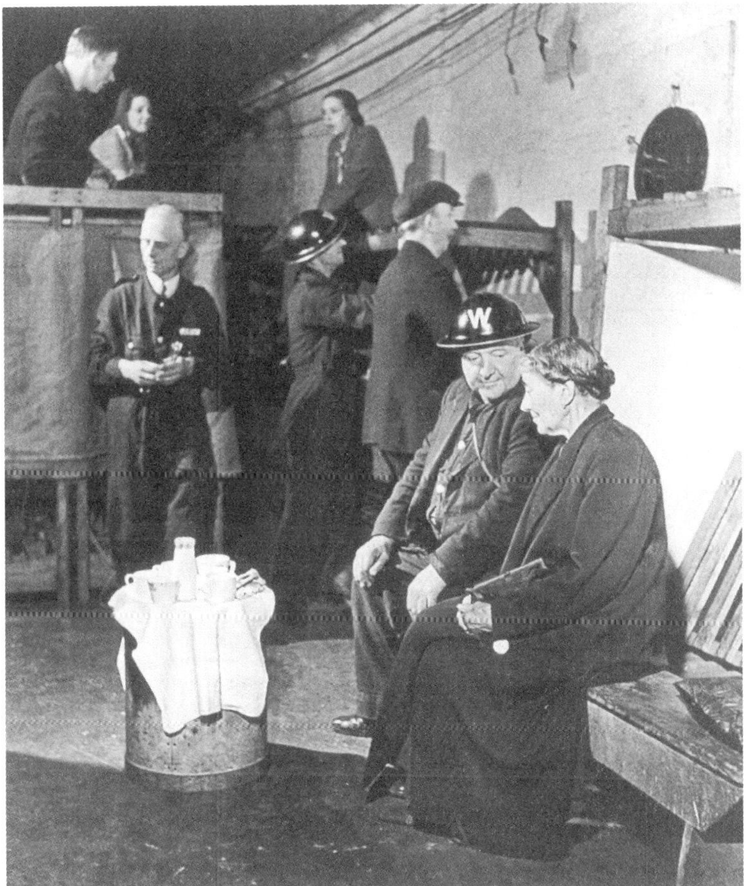

伦敦，1941 年 6—7 月
在防空洞中享用下午茶

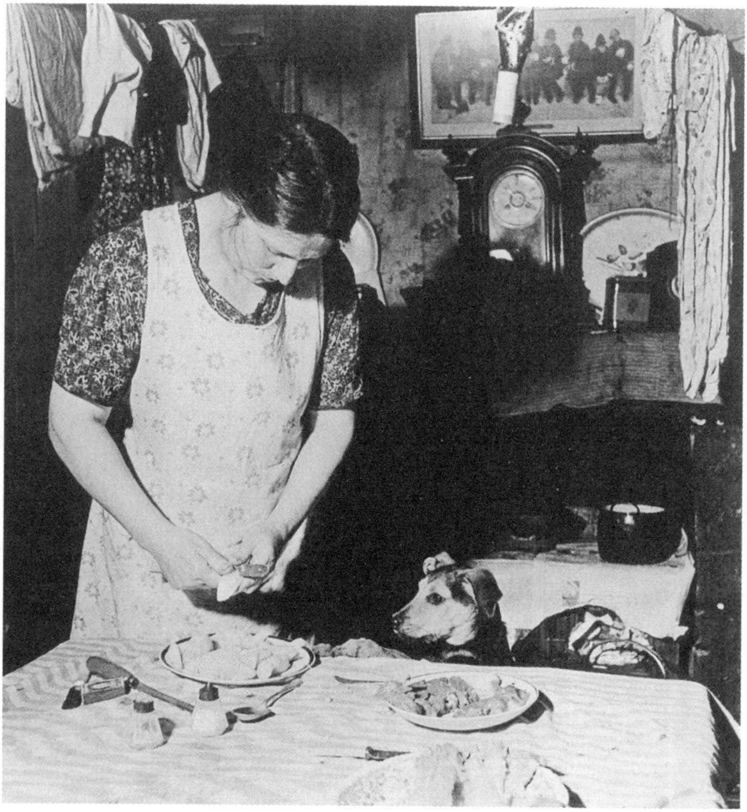

伦敦，1941 年 6—7 月
吉布斯太太，维奇科特街（Whichcote Street）居民，
选自“滑铁卢街的战斗”（*The Battle of Waterloo Road*）

伦敦，1941 年 6—7 月
阅读军中服役儿子的家书

英国，赫特福德郡，1942 年
伦敦百货商店的雇员在学习挤牛奶

英国最受欢迎的美国人了。昆廷有一颗温柔宽容的心，他在布鲁克林长大，后来在那些有记者出没的酒吧里不断得到滋养。

一个 220 磅重的人是不会愿意和普通矮小的外国人挤在一个队伍里的。昆廷和我进入警察局非常具有戏剧性。他来到登记处的门口，突然停下，用他对戈培尔博士（Dr. Goebbels）和希特勒做广播的洪亮嗓音宣布："我给你们带来一个德国间谍！"然后他转向我，用蹩脚的德语问道："Nicht wahr（不是吗）？"

人群的反应一如他所预料，整个警察局哄堂大笑。我很快就拿到一张登记表，表上所有的限制都被取消了，我就这样成了国王和昆廷的专属敌侨。

接着，一位警官请求昆廷留下签名，并给俄国战争救济会捐了款。这场战争还远远没有结束，但英国人仍然非常感谢俄国人。

下一步我们要去位于格罗夫纳广场（Grosvenor Square）的美军公关处。同英国警察局相比，这次我们进去的时候安静了不少，受到的接待也冷淡了不少。主管公关处的少校认为我的国籍并不能帮到我。如果我受到委派在驻英美军基地拍照的话，他可以给我参观这些基地的许可，但我必须先通过情报机构的审查，然后才能以战地记者的身份应征加入美国军队。“情报”这个词在悬疑小说和军事语言里意味着“军情处”，这把我吓得不轻。昆廷带我来到一扇写着 G-2 标志的门前，他祝我好运，并建议我表现得顺从、直率，越不像匈牙利人越好。

我以为会接受某种调查，所以表现得非常顺从。我的“调查官”坐在一张大办公桌后面，她看上去小而活泼，有一个微微向上翘的鼻子和一头很漂亮的红发。她是个英国人，是这儿的执行秘书长。

我解释了来这里的目的并简短地介绍了我的经历。实际上，我忘了之前昆廷给我的所有建议，表现得非常匈牙利。听我讲完后，她大笑起来，说我有一双很漂亮的灰眼睛，肯定很配美军军装。我们做了一个交易：她会让我穿上那身军装，而我则要在得到那套军装后穿着它带她出去逛逛，她保证能帮我把一切都办妥。我有一种感觉，只要我肯带她出去，即使我穿着现在这件灰法兰绒外套她也会愿意的。

* * *

第二天早晨，在萨沃伊酒店，我被一个衣着得体的侍者叫醒，他给我送来一个漂亮的银盘子，上面放着茶、炒蛋和三封信。他把盘子放在桌上，桌上还扔着我那48卷没来得及冲洗的胶卷，我越来越可观的身份证明和几张花剩下的美钞。我从容地拆开信。这三封信的内容真实地反映了我现在的合法身份和光明前景。第一封是美国军方写来的，说在等待军方许可的间隙，他们很欢迎我去参观切沃斯顿（Chelveston）的空军基地，给停在那儿的空中堡垒[1]拍一组照片。第二封来自一本叫做《画报》（*Illustrated*）的英国周刊，他们非常想得到我的报道的英国版权，并在没看到任何作品的情况下出价每篇报道100英镑。第三封是一个叫亚德利的英国企业家写来的，他妻子弗劳尔是我在纽约的一个朋友的妹妹，他邀请我在这个周末，或者任何我觉得方便的时候到他们在梅登黑德（Maidenhead）的家里做客。

用过早餐，我穿戴整齐决定去找以前的雇主《时代》和《生活》杂志社的伦敦分部看看。《生活》是我第一份正经工作，很久以前的西班牙内战时期，我刚开始为他们工作，曾去过伦敦分部，他们对我很好。

由于空袭，迪安街（Dean Street）上的那幢灰色建筑看上

1　空中堡垒（Flying Fortress），指的是B-17轰炸机，B-17是美国波音在1930年代为美国陆军航空队设计制造的四发动机重型轰炸机，也是二战初期美军的主要战略轰炸机。——编注

去受到了轻微的破坏。隔壁那间叫“洗澡屋”的酒吧现在只有木头窗框而没有玻璃，但大部分还在照常营业。这让我感到既温暖又伤感。

五年前主管这间办公室的两个爱尔兰女孩，克劳琪和多萝西都还在。克劳琪现在是首席事实核查员。五年前，还是秘书的她曾帮我把自己写的英文图片说明改成地道用法。这次她发现我的英语比上次来的时候进步多了，差不多能让人看懂了。我给她看了我那篇《护航舰队的指挥官》的文章，我在文字上的努力激起了她无穷的工作热情。她建议在文字上做一些细微的调整，接着就在打字机旁工作了整整四个小时。与此同时，看在老交情的分上，《生活》的暗房帮我冲印了我为《科利尔》拍的照片。然后我们一起下了楼，我在“洗澡屋”用粉红杜松子酒表达了我的谢意。

* * *

第二天早上，《生活》的信使送来100张照片和10页一式三份的《护航舰队的指挥官》，全都署了我的名。我送了一份去审查，一份给《科利尔》，第三份我拿给了那个英国图片杂志《画报》。《画报》的编辑看过照片，读过文章之后问我是否愿意把我自己的照片和简介同文章一起刊发，还问我会不会讨厌“著名美国摄影师”的称谓。我回答说不太会。然后他给了我一张150英镑的支票。

我在酒店兑换了支票，向门童打听去切沃斯顿的列车车次。切沃斯顿是一个戒备森严的英国机场，现在驻扎着年轻的美国空军第301轰炸机群。那儿有48架空中堡垒，一些灰暗的营房和一块齐膝深的烂泥地。我的“工作参观”许可证让我一路畅通。接待军官给了我一张铁床，三条毯子，一罐用做晚餐的斯帕姆（Spam）午餐肉，把我留在食堂外的一块烂泥地里，叫我就把这里当自个儿家一样。

那时我还穿着平民的服装，而我周围都是穿军装的小伙子，他们根本就没注意到我。我也根本没觉得这里像家——事实上，我压根不知道怎么才能把这儿当成自己家。

每个人都像是朝着某个特定的营房前进，我决定随大溜。我走进了俱乐部，极其希望有人能跟我说说话。酒吧后面的一等兵问我要喝点什么，我很感激地点了和其他人一样的熟啤。我身边的一些年轻飞行员和那些第一批驾驶空中堡垒穿越欧洲的飞行员在一起显得安静而低沉。他们有些人在翻看旧的美国杂志，有些人独自坐着写长长的信。唯一的活动发生在房间中间的一张大桌子上，被一群人围着。

我挤进去时刚好听到有人在喊“大还是小”，一边喊一边把桌子中间的钱收在一起。我看了一会儿，但没弄明白他们在玩什么。我最终确定是某种扑克游戏，而且是需要技巧的扑克游戏！很快有一个伙计就退出了。现在是我把这儿当成自己家的好机会。我加入了游戏，他们很热情地接受了我。他们给我三张牌，两张面朝下，一张面朝上，问我要了半个克朗。接着发给我三张面朝上的牌，最后是一张面朝下的牌。每发一张牌他们都要更多的钱，到最后一张牌，我已经付了两英镑了。然后我们开始玩牌，一些人说“大”，一些人说“小”，我研究了一下手里的牌，有几张是人头，有几张是小数字，所以我说：“大和小。”但这根本就不被接受。他们要我翻出那三张面朝下的牌。我照做了……他们都笑了……其中的两个人把罐子里的钱分了。

过了一会儿，我回房间拿来了照相机，给这些玩牌的人拍了照，当然还有看杂志的人，写信的人，喝啤酒的人和留声机迷们。

到午夜，俱乐部里就没人了——明早有一个任务，这些小伙子们要很早就接受具体指示。早上5点我们就被叫醒，匆匆赶到指令室。一个军官先详细介绍了天气情况，另一个讲了袭击目标的大致形状，第三个军官讲了很久有关敌军阵地高射炮的数量和他们可能遭遇到的敌机数量。6点，全体回到俱乐部，等待出发的信号。等待的过程很长，令人神经紧张。没有人说话。这只是他们到欧洲之后的第三个任务。

9点，扩音喇叭里宣布法国上空有雾，任务取消，大家可以回床继续睡觉。小伙子们既生气又失望，纷纷回床睡觉、阅读杂志、写信、喝啤酒，或玩扑克。

这样的生活持续了四天。我拍了一大堆照片。我练习了“大和小”，还学会了其他一些有趣的扑克玩法儿，比如“吐在大海”“棒球”和“红狗”。到第五天的早上，我输光了所有的钱，但这一次任务没有取消。我陪着我的牌友们上了飞机，从各个角度拍摄了他们。一个叫毕晓普的年轻中尉是最后一个起飞的，在登上驾驶室之前，他摆了各种姿势让我拍。他身材矮小，但鼻子的形状就跟他飞机的鼻子一模一样，所以我把他俩拍在了一起。我很满意这样的构图。

飞机都起飞了。我在塔台里等了漫长的六个小时才看到第一架空中堡垒出现在地平线上。当它们慢慢靠近时，我们开始数数。早上有24架飞机排着漂亮的队形出发。现在，数遍整个天空，只有17架。

它们绕着塔台盘旋，等待降落的命令。其中有一架飞机的起落架被打掉了，而且机上有人受伤。塔台让它第一个降

英国，切沃斯顿，1942 年 11 月
美军第 301 轰炸机大队的领航机机长和机组成员在认真听取任务简报。他们将对圣 · 纳泽尔（St.Nazaire）展开日间轰炸，那里有德国潜艇威胁美军对北非的航运

英国，切沃斯顿，1942 年 11 月
美军第 301 轰炸机大队的一名领航员

落，并命令它尝试机腹着陆。我准备好我的康泰时照相机，到飞机安全停下时，我已经拍完了一整卷胶卷。我马上奔向飞机，并调好我第二架康泰时的焦距。舱门打开，第一个人被抬到旁边等候的医护队，他还在呻吟，但接着的两个已经没有任何声音了。最后一个离开飞机的是飞行员，他看上去不错，除了额头有一道轻微的口子。我靠近他来了个特写。他突然停下对我喊道："摄影师，你就是在等这样的照片，是吗？"我关上照相机，没说一声再见就回伦敦了。

在回伦敦的火车上，我的包里放着一堆曝光成功的胶卷，我开始讨厌我和我的职业。这些照片是给丧事承办者们用的，而我并不想成为其中的一员。如果我要参加那些阵亡士兵的葬礼，我发誓，我一定要和他们一起在战场上战斗过。

* * *

第二天早上，睡过一觉之后，我感觉好一点儿了。在刮胡子的时候，我在心里和自己讨论着记者这项职业同保持内心慈悲之间的冲突性。如果不看他们死伤的照片，那些士兵围坐在机场跑道周围的照片会给人一个错误的印象，而恰恰是那些展现死亡和伤痛的照片才揭示了这场战争的真实性。

我很高兴我在变得伤感之前拍下了那卷胶片。

《画报》打电话来询问我的报道，我主动说内容非常“精彩”。他们说会马上派人过来拿胶卷到他们的暗房里冲洗。

我没有忘记机场的情景，比过去任何时候都迫不及待地想穿上军装。我和帕特，那个美国军情处的红发秘书，一起吃了午饭，询问我的入伍程序能否加快一点儿。她说我的程序一切顺利，我已经可以找裁缝定制一套美国战地记者的军装了。

我找的那个裁缝对美国军装该是什么样子有着自己的主意。他给我找的衣料的颜色和规定的有所不同，但我认为比规定的漂亮得多。我希望我的入伍手续能在六天后办妥，裁缝说我的军装会在那之前做好。

我回到《科利尔》的办公室向昆廷·雷诺兹报告这个好消息。他也告诉了我一些他这里的好消息：《科利尔》纽约总部收到了我在船队的报道，会用四页的篇幅刊发。我跟他说了我去空军基地的情况，他警告我不要太快进入角色，并建议我出去逛逛，熟悉一下伦敦的精神和气氛，接着又给了我几个地址和一些小窍门以便我能更快地感受到这种精神。

在德军空袭之后，美军全面进驻之前，伦敦的精神是开放而诱人的。我不但马上感受到了这种精神，还找到了一些别的东西。如何让这种精神一直持续，尤其是整整六天在那些最最奇怪的地方（当然不包括萨沃伊酒店）延续。上帝用六天的时间创造了世界，而第七天，是宿醉……

当我回到萨沃伊酒店打开房门的时候，我只想马上倒在床上睡去。但有两位来访者等着我。在我房间里来回踱步的是斯普纳先生，《画报》杂志的编辑，还有一位美军少校。这位少校的手里捏着一份《画报》杂志。他把杂志戳到我的鼻子底下，用手指着封面说道：

“是你拍的这些照片？你知道你做了什么吗？”

我马上认出了封面上的这张照片。这是我在空军基地拍摄的所有照片中我个人最喜欢的一张，它印在封面上效果非常好。

“当然，”我回答说，“那是毕晓普中尉和他的空中堡垒。”

“去你的毕晓普中尉！”他吼道。他愤怒的手指指着空中堡垒飞机鼻子上的一个小黑点。我原本根本不知道这个小黑点是什么，但现在我意识到它就是灾难的来源。少校不等我完全明白就给出了答案。

“这个小黑点是美国空军的一号机密！”他嚷得几乎要咳嗽了，“这是诺登投弹瞄准器（Norden bombsight）！”

我从来就不知道。在不执行任务的时候，机组人员有严格的命令将这个小黑点包起来。毕晓普的投弹手提前五分钟揭开了包着的油布。我试图解释我对飞机鼻子的兴趣完全是由于它和毕晓普中尉的鼻子很像。斯普纳先生解释说由于在过去一周里没能找到我让我把报道交由美军审查处审查，所以他给英国皇家空军看了这些照片。他们没有对那个小黑点提出任何异议。

这一期的《画报》杂志将出现在三天后的大小报亭里。斯普纳提出回收并销毁所有40万本已经印好等待发行的杂志。

“这样做救得了你，斯普纳先生，”少校说道，“但救不了卡帕。他在通过美国的审查之前根本无权给你看这些照片。”

斯普纳急匆匆地离开去叫停印刷和发行。少校将我软禁在旅馆后也回去向他的总部报告此事。我瘫倒在床上，身旁的盒子里装着我的新军装。我肯定没有机会打开这个盒子了。但我错了。当天下午，美国公关处通知我，鉴于没有入伍的平民不受军事法庭管辖，所以我被批准入伍了。

我打开了那个盒子。

* * *

第二天早上，我出席了一个预备听证会，一个由公关处和情报局的军官们组成的仲裁委员会将决定在军事法庭上以什么罪名起诉我。

当我到达的时候，我意识到的第一件事就是我的军装和他们的完全不同，即便有任何相同之处也纯粹是出于巧合。我担心这一点将把我最后的一点儿希望都赶走。

我开始做无罪声明，用了许多细节，感情也相当充沛，但我越是激动，英文就越不像样。他们听了一半就冷冷地打断了我的声明，开始内部讨论。他们的谈话我听得很清楚。就在他们快要达成某种一致的时候，门开了，公关处的主管走了进来，后面跟着我的毕晓普中尉。

毕晓普开始发言，他很狡猾地让委员会确信我连纸牌里的 A 和 2 都搞不清楚，也不可能分清诺登投弹瞄准器和 C 号军粮的区别，这整件事都是一个莫名其妙的错误。那些坐惯写字台的仲裁委员们在现阶段哪里会是我们的飞行员的对手。我受到了口头警告，然后被释放了——接着被正式批准进入部队。事后，毕晓普和我一起去了一家酒吧。

“顺便问一句，”他问我，“你的裁缝住哪儿？”

* * *

整个《科利尔》杂志社和萨沃伊酒店的酒吧都被我的军装吸引了，人们最后一致认为那是一种美式裁剪和早期英国殖民地颜色风格的结合。于是我决定庆祝一下。

我邀请了帕特，那位红发秘书，共进我承诺过的晚餐，我们喝了香槟。喝完第二瓶，她已经不记得我是谁了，喝完第三瓶，她连自己的名字和地址都忘了。我知道如果我不把她送回家，这一次可得要找一个牧师——而不是毕晓普——来了结这场关系。

我们坐进出租车的时候，帕特已经不省人事。我试图叫醒她，但她毫无反应。我身上只剩下 1 英镑，看着计价器心里越来越着急。我再次摇摇帕特。当我抬起头的时候，计价器已经显示 1.1 英镑。我摸遍了口袋，然后是帕特的。我在她的钱包里找到 2 英镑和一张写有她姓名地址的会员卡。我让出租车停在海德公园的环形水池边，把帕特的头放进水里浸了两次，然后送她回了家。

我醉得很厉害，很高兴，很为自己骄傲，而且狠下决心以后再也不喝酒、赌博，或和红发女郎有任何瓜葛。

为了让这个决定得到彻底的实施，我跌跌撞撞地来到书桌旁，给战地记者卡帕写了一张便条："不喝酒，不赌博，没有投弹瞄准器，没有姑娘。"我把这张纸塞进上衣口袋后很幸福地昏睡过去。

第二天早上，我的头痛得要裂开了。我一点儿都记不得昨晚发生了些什么，直到找到那张纸。我认识到不惹麻烦的最好办法就是离它远远的，于是决定去乡间亚德利先生家直到我出发去北非那天。我把电话号码留在了书桌上，然后乘火车去梅登黑德。

我一到亚德利家，就知道自己安全了。我会靠在火炉边读悬疑小说，同亚德利先生讨论战争和俄国，然后每晚 9 点准时睡觉。

* * *

他们看到我穿着这么漂亮的军装非常高兴，并提议说也许一些食品和黑咖啡能让这一切更好。我们一起围坐在桌边：亚德利夫妇，他们的客人和我。那位客人——一个年轻的姑娘——就坐在我身边，但我不看女人，特别是面色苍白的金发胖姑娘。喝完咖啡，我解释说由于前晚为我的军装庆祝得太晚，所以今天不是很有精神。一张大椅子和一本好书就能让我心满意足了。

我坐进那张大椅子，打开那本好书，睡着了。10 分钟后我被留声机发出的嘎吱声吵醒。我们那位小小胖胖的客人正在播放提诺 · 罗西（Tino Rossi）。我没好气地告诉她我讨厌提诺 · 罗西，并注意到她其实并不胖。她穿着宽松的便裤和套衫，我觉得她的身材可能不错，而且，她的头发也不是真正的金色，而是一种带金的粉红色。我很快闭上了眼睛。她把提诺 · 罗西放得更响了一点儿，我再次睁开眼时，她正站在灯光下。她有着非常精致的英国人身材，还有一双闪着灰绿色光芒的眼睛。我起身到阳台上继续睡觉。

我再次醒来时，客厅里的壁炉已经生起一盆旺旺的火，留声机正播放着伦巴舞曲。那个做客的姑娘现在穿着紧身的黑裙子。

“我叫伊莱恩，”她告诉我。我突然有种感觉这次我很难再闭上眼睛，而且庆幸自己跳舞跳得很差，得以坚持我昨晚的决定。她说希望同提诺 · 罗西相比，我能更喜欢伦巴。我对她说我不太会跳舞。为了证明我的诚实，我提出和她跳一次。她说我的伦巴跳得并不差，而且学得很快。我说过去 10 年里我的舞技都没有任何进步。她说她有个新主意，我想恐怕我也有一个。

亚德利夫妇下楼来问起我对那本书的看法。我被迫承认我把时间都浪费在学跳伦巴上了。特别是，我补充说，在北非没人会跳伦巴，而我实际上已经在去那儿的路上了。

那粉红头发的姑娘说如果我在死前还没学会跳舞，那将是个莫大的遗憾。亚德利夫妇也在一旁附和。

我们为北非喝了一瓶香槟，我的伦巴技艺也长进了不少，并开始叫那姑娘“小粉儿”(Pinky)。她好像毫不介意，但不再放唱片，而是拿起我的书读了起来。我则走到留声机那儿开始放提诺·罗西。

亚德利夫妇笑了起来并意识到他们最好还是回房睡觉。小粉儿抬起头对我说：“我想你是个彻头彻尾的傻瓜。”

我回答说：“我想你是个彻头彻尾的麻烦。”她告诉我那不是好的英语，之后我对她说她嘴唇的味道像草莓。

“在英格兰草莓可并不多，”她说，“长得少，却都是最好的。而且，我也不是在撩你。”

我知道她没有在撩。我很高兴她出现在这里，而且被我找到了。

电话铃响了，是找我的。萨沃伊酒店打来的，说他们找了我整整两个小时，一位美国公关处的克里斯·斯科特上尉每隔五分钟打来一次电话找我。我挂了电话请求小粉儿开车送

伦敦，1943 年 1—2 月
一名美国军官与两名由他所在部队“收养”的战争孤儿

我去火车站。

在车里我告诉她我有多高兴能去北非，我是个吉卜赛人兼新闻记者。另外，还是一个敌侨。我很遗憾也很高兴——因为她实在是太可爱了。她说没事，她在火车站放我下车，连再见都没说就飞快地开走了。

克里斯·斯科特是个非常好的年轻上尉，他说他很抱歉让我半夜赶来，因为其实明早也来得及。我告诉他从某种角度来说我很高兴，他的电话正及时找到我，因为我想要的就是去北非。此外，我还告诉了他小粉儿的事。

他拿出一瓶苏格兰威士忌，提议为我的幸运逃离而喝一杯。我告诉他这酒的滋味真的比草莓好多了。很讽刺的是，他说他很喜欢草莓，当我去北非的时候他可能会留在伦敦。我告诉他我只知道她叫小粉儿，我忘了问她的全名和电话号码。

克里斯说那真是太遗憾了——而我则发现我心里不仅遗憾没有她的姓名、地址和电话号码，而且我即便有也不会把它们给别人。

第二天早上我打电话给亚德利夫妇表示感谢并向他们告别。我假装不经意地问起伊莱恩是不是在旁边，但亚德利先生说她已经进城去了。他没有主动提供任何进一步的信息，我也没有继续问下去。

我那天非常忙。美军给我下了命令，英国人给了我离境许可。他们告诉我如果下次要回来还需要新的签证，因为很不幸的是，就算我穿着美国军装，理论上来讲，我还是匈牙利公民。

我要到格拉斯哥（Glasgow）乘船去北非，去格拉斯哥的火车晚上 7：30 在尤斯顿火车站发车。我到得太早了，觉得有必要为离开庆祝一下，就决定去酒吧喝一杯。酒吧里非常拥挤，唯一空着的位子旁孤零零地坐着一个女子。她不胖，也不是金发，她的头发是粉红色的。她抬头看着我说："我希望你会早到。"她没有说是怎么知道我的火车班次的。我问酒吧老板娘有没有香槟。她有一瓶非常好的香槟。我们干了杯，粉头发姑娘唱起一首伤感的法国歌"J' attendrai"（我等着）。酒吧老板娘也变得伤感起来。而当我们走到火车停着的站台时，已经是上车的时候了。一个海军哥们儿占据了整扇窗在和他的姑娘吻别。火车马上就要开了，所以我对着那家伙大叫道："分我一半！"

他头也不回地说道："去你的，我不和任何人分我的姑娘。"

我说："不是姑娘，是窗！"

他移动了一下位置，我刚刚好能凑到。还是那草莓的味道。我坐回车厢里，还是不知道她的全名和电话号码。

四

1943 年春

我乘坐一艘普通兵船到达了阿尔及尔（Algiers），船上载着一支新组建的苏格兰师，他们的任务是加强北非的春季攻势以及夺回早就该拿下的突尼斯。

船到岸之前，我已经习惯了自己的军装，其他人也一样。船上的每个人都期待着能在战争中碰到些奇怪和神秘的事情，而我和我的口音正是一件奇怪而神秘的事。

这一次没人要没收我的照相机、对我盘问，以及要我出示护照。驻阿尔及尔公关处的军官告诉我战争在几百英里以外的突尼斯山里—— 一场大规模的攻势可能在任何时候发动。他们提供给我一辆吉普车，一卷铺盖和一个司机，我们就这样出发了。我希望能赶上这场战争。

我们日夜兼程，终于到了位于富里亚奈（Feriana）的军队总部。但进攻早就开始了，我们的装甲部队已经突破了加夫萨（Gafsa）。

没想到仗打得这么快，沮丧之余，我们又出发去追赶第1装甲师。开了整整一天后，我们到了加夫萨，终于抓住了战争的尾巴。我决定先美美睡上一觉，再去追赶先头部队。

军队把我安顿在一间阿拉伯学校里。我进去的时候，地板上已经铺满了铺盖，只有靠墙的一小块地方空着。我打开铺盖钻了进去。我做了一个梦。梦见我在突尼斯的大门前赶上了装甲师，我跳上了开在最前面的坦克……我是唯一一个拍到隆美尔被捕的摄影师……在镇子的中央，一个弹药桶突然爆炸，我的脸被烧焦了……

我醒了，试图睁开眼睛。我的脸烧伤般地疼痛，眼睛也睁不开。有时在我英雄主义的梦里我必须受点伤。我大叫起来，然后听见有人走了过来。

"你是怎么想的，笨蛋？"他问我，"难道你不知道在阿拉伯房子里靠墙睡就等于是喂虫子吗？"

我用手指使劲拨开肿胀的双眼，把脸藏在墨镜后面，出去找我的司机。

我们重新上路，我开始讨厌这场战争。战地记者的生活并不浪漫。我们在空旷的沙漠里一条漫长、崎岖的路上颠簸了几个小时，没有碰到一个活人，就连任何我军或敌军的尸体都没有。我们只找到德国人扔下的一些没用的装备。

我一定要停车方便一下。但经过昨晚之后，我不想再去阿拉伯文化机构的厕所里方便了。附近肯定没有姑娘，而我也不想睁着模糊的双眼离开吉普车太远。我看见不远处有一片仙人掌，就向那儿跑去。

除了在它的阴影处竖着一块木牌子外，这非洲仙人掌并没什么不对劲。我越跑越近，那牌子也变得越来越大，我睁大了眼睛盯着它。牌子上写着德文，但非常容易懂。透过墨镜，我念道："ACHTUNG! MINEN!（注意！地雷！）"

我没有跳，也没有动，我不敢做任何事。我必须马上做点什么，但是一点儿小动静就可能引爆雷区。我对司机叫嚷着，告诉他我正站在一个雷区里。他看上去好像觉得这个场景很可笑。我可看不出有什么好笑的。我不敢踩着原来的脚印回去，因为那些第一次没有引爆的地雷很可能这一次就会改变主意。我命令司机马上开车去找个扫雷兵回来。

我的裤子掉了下来。我当时就是那个样子，一个人站在空旷无声的沙漠里面对死亡，像被钉住了一样一动不动，背后是一片该死的仙人掌。这样的死法，就连墓志铭都不堪登大雅之堂。

几个小时后，我的司机带来了一个扫雷小组和一个《生活》杂志的摄影记者。在我被清雷的时候，这个《生活》的记者拍了照。他告诉我进攻停止了，而我无疑是今天最有趣的照片。

隆美尔的王牌，赫尔曼 · 戈林伞兵装甲师被调来阻止我们的进攻。失望的新闻记者们都回来了，他们在加夫萨几英里外的一个绿洲里安营扎寨。

晚上，回到新闻营地，我的故事早就传开了。记者们还不能报道进攻停止的消息，所以我的探险故事成了“回国信件”部门收到的最热门的题目。看着他们都在给妻子、爱人写信，我想起了小粉儿。但我还是为没有她的地址而松了口气，因为我今天的经历可谈不上英勇。

* * *

差不多半夜的时候，为新闻营地提供灯光照明的发电机开始“咳嗽”，我们也不得不屈服。我检查后确定自己睡的那个角落没有地雷和臭虫，而且今晚也不想再有任何梦了。但我还是做梦了：黑暗的天空里有红的绿的照明弹……曳着红

突尼斯，盖塔尔（El Guettar），1943 年 3 月

光的子弹……爆开的炸弹……各种各样奇异的景象。我在睡袋里翻了个身。

第二天早上我醒来的时候，发现头顶的帐篷不见了。营地昨晚受到轰炸，虽然没有人受伤，但所有帐篷都被炸飞了。我成了羡慕和景仰的对象，因为我能在睡梦中度过整个轰炸却一点儿都没被惊醒。昨天地雷的故事渐渐被人们谅解和遗忘了。

* * *

《时代》杂志的比尔·朗和美国大兵厄尼·派尔都是北非战场的老兵了，他们带我上了他们的吉普车，并向我保证为我的健康和照片找到足够多的战争场景。这次的路好走多了，也短多了。我们向盖塔尔进发，那儿驻扎着第1步兵师，他们在对付德军主力的反击。

我们还没到前线就已经遇上了足够多的战争场面。德国飞机在轰炸这条路，每隔几分钟我们就得下车跳进壕沟里躲起来。

这过程很令人兴奋，但我一张照片也没拍到。

比尔和厄尼把车停在了师指挥所。我急着想拍到第一张

突尼斯，米克纳西（Meknassy），1943 年 3 月 22 日

一名美军士兵给当地居民分烟

照片，他们叫我向前走，穿过两座小杰贝勒[1]，躲在杰贝勒之间的瓦迪[2]里。“你在那儿随便找个人问他战争在哪儿，”他们说，“你绝对不会错过。”

我找到了杰贝勒和瓦迪。第16步兵团守在那里，士兵们在挖得深深的战壕里写信，读口袋书。我问他们战争在哪儿，他们指着下一座杰贝勒。在每一个瓦迪里，他们都向上指着一座杰贝勒，而在每一座杰贝勒上，他们就向下指着一个瓦迪。

终于，在最后也是最高的一座山顶，我碰上大概50个士兵在那儿歇着，正在给他们的C号军粮加热。他们的脸上没有任何热情。我走过去问他们的中尉哪儿有战斗。“这很难说，”他回答道，“我们这个排现在就在最前线的位置。”

为了安抚我失望的心情，他给了我一罐C号军粮。正当我准备吃下这堆看上去很糟糕的混杂物时，炮弹飞来的呼啸声响起，我一下子趴倒在地，肉汁和豆子溅了我一身。是的，这是一枚德国炮弹，但它落在了离我们几百码远的地方。我抬起头，中尉——他一动不动——正朝下看着我。他的表情

---

1 Jebel，阿拉伯语小山的意思。——译注

2 Wadi，阿拉伯语山谷的意思。——译注

非常得意。我很窘迫地站起来，拍掉身上的豆子，对他说，从我的角度来看，这场战争就像一个上了年纪的女演员，越来越危险，也越来越不上相。

第二声呼啸响起时，中尉也低身躲起来。德国人在跟我们玩真的。他们先用大炮轰炸我们的山顶，接着用 50 辆坦克和两个步兵团向我们的山脚进发。现在，我们的反坦克兵冲了出去，通过瞄准器和他们对干了起来。

三位将军也加入了我们在山顶的全景看台，给军队打气。他们是指挥第 2 军的巴顿（Patton），第 1 师的特里 · 艾伦（Terry Allen）和特迪 · 罗斯福（Teddy Roosevelt）。每击中一辆德军坦克，戴着三星头盔的巴顿都会兴奋地叫好；特里 · 艾伦拿着对讲机，亲自指挥着他的部队；而特迪 · 罗斯福高兴地挥舞着他的手杖。

黄昏时分，德军撤退了，在他们身后留下了 24 辆被烧毁的坦克和一大堆德国兵的尸体。

我拍到了各种照片：尘土、硝烟、将军们，但没有一张能体现我肉眼感受到的那种战争的紧张和刺激。

* * *

我们向海边和突尼斯的突破受到了阻碍，但我们成功阻止了德军企图夺回加夫萨的反击。第1师在盖塔尔的群山上战斗了三个星期，每天我都在拍着相同的尘土、硝烟和死亡。

太阳下山后，我们要返回新闻营地。文字记者们打印他们的故事，我把照片寄出。没有人讨论白天发生的事。我们喝着阿尔及利亚酒，谈论着“家乡那个她”。每个人说起自己的姑娘——都是世上最令人心动、最出色的女子。然后每个人又都拽出一张模糊得无以辨认的照片用来证明前面的描述。

我只是简单地告诉他们我的姑娘有着粉红色的头发。

那帮迂腐的、毫无浪漫可言的老记们，刚才还拉长着脸仔细听着关于家乡姑娘如何如何美丽的谎言，现在却爆发出一阵令我作呕的笑声。他们说不可能有粉红色头发的姑娘，我应该像其他人那样吹牛说她是个金发、褐发或红发女郎。我当时没有照片来证明。

但几天之后，从阿尔及尔送信来的快递员给了我一个包裹，里面是一个用餐巾纸包着的英国娃娃，一个有着粉红头发的娃娃。从此再也没有人质疑过我的粉红女郎。

突尼斯，盖塔尔，1943 年 3 月 23 日
这一天，美军在巴顿将军的指挥下，展开了一场坦克与步兵的协同战斗，这是开战以来，美军对德军取得的第一次关键性胜利

* * *

日复一日地在盖塔尔爬着同样的山，拍着同样的照片是一种徒劳又危险的例行公事。所以当我有机会可以乘着飞机，继续接受男性扑克教育而不用再爬山时，我很高兴地接受了。给我这个机会的是老朋友毕晓普中尉，他写信告诉我他的战队——第 301 轰炸机大队——调来了北非，并且可以在任何情况下带上战地记者。

那些空中堡垒全都伤痕累累，飞行员的脸上身上也贴满了胶布，只有那扑克游戏没有变。我糟糕的牌技也没有变，第一晚我损失惨重。

第二天早上，我们奉命去轰炸集结在比塞大（Bizerte）港口的德国舰队。我搭乘杰伊中尉的飞机，他是前一晚扑克的大赢家，我想他应该会很小心地保护自己的飞机。

我们的那架空中堡垒叫“看守”（The Goon）。毕晓普的“小妖精”（Gremlin）飞在我们的右侧，两架飞机的机翼都快要碰上了。在空中的感觉不错，但有点沉闷。氧气瓶消除了我们的不适，而两万英尺高空的冷空气和地面的炎热相比也要舒服得多了。

飞到目标上空时，事情开始变得有趣起来，也热了许多。

高射炮的炮弹爆炸震颤着我们的飞机，炮弹的黑烟在飞机下方就像一条大毯子，我们就在上面摇晃着。我们保持着直线队形，一直等开到目标舰队的正上方时，才从打开的机腹里放出炸弹来。然后毕晓普通过对讲机喊“垂直机动”，我们就打散了队形。我们转向、俯冲再拉升，在身后留下一小团黑烟和一大团燃烧的军舰的浓烟。我们低空飞越了大海，拿掉了氧气瓶，双眼也不再盯视下方。我们互相开起了玩笑，很明显地放松了下来。

所有玩牌的人都回来了，我们又玩了起来。我没有赢回我的钱，所以决定再多待一天。我飞了五天，去了突尼斯市、那不勒斯、比塞大，我的牌运一点儿都没改变。接着我们有了新目标：巴勒莫。这里的高射炮比以前去的地方厉害得多，而且还有两个德国飞行中队在空中等着我们。起初他们在空中看上去就像一些小银点，接着就晃着亮闪闪的翅膀，俯冲下来，转眼变成一群近在咫尺的丑陋怪兽。他们的子弹就像缝纫机一样精确地在我们的机翼上打出一排洞，“看守”几乎要被击落了，直到快要贴到海面上杰伊中尉才拉起了飞机。还有三个发动机运转正常，这让我们没费太大的劲儿回到了家。

大多数飞机都在我们前头。我们在停机坪上等着其他人回来直到天黑了以后，那一晚我们没有玩牌。有一个伙伴没有回来。

第二天我离开了战队，由于完成了五个进入敌境的任务，我被推荐获得空军奖章。我还差一点得到紫心勋章——因为打了五个晚上的扑克牌[1]。

* * *

就在我跟随空中堡垒飞行的那段日子里，我错过了地面部队决定性的成功出击。德军突然崩溃了，我们的军队进入了首都突尼斯。

胜利既令人喜悦，又让人疲惫。那天我们在突尼斯的街上被上百个老女人亲吻，并干掉了无数杯红酒。我们在一幢庞大、现代的建筑里找到了一间很不错的公寓，在那儿完成了我们的报道，准备好好庆祝一番。我们从一个盖世太保的仓库里拿来足够多的酒，可以让我们不停地高歌，也不用担

1 紫心勋章是世界上仍在颁发的历史最悠久的军事荣誉，而且是第一种向普通士兵颁发的勋章。这种勋章虽然在美国勋章体系中级别不高，但它几乎就是鲜血与牺牲的代名词。在这里，卡帕显然是在开玩笑说自己在玩牌的时候秉持着一种“自我牺牲”的精神。——编注

心嗓子干掉。

然而到半夜的时候有人敲门，一位神情庄重的法国公民走了进来。“先生们！”他叫道，“三个月来你们每晚都在轰炸我们。那很好，c’est la guerre（这就是战争）。但是现在已经宣布和平了，我的妻子和小女儿希望能安静地睡觉。”

我们给这位勇敢抗议的法国人灌了一杯德国白兰地，并保证明天一定会宣布和平。我从包里捞出那个粉红色的娃娃给了这位法国先生去哄他那瞌睡的小女儿。

胜利这杯美酒的后劲强烈而让人痛苦。我们的战争在此刻结束了。我们没剩下一滴酒，而突尼斯所有的漂亮姑娘都被她们的父亲锁在了自己的房间里。

我们在煮 K 号军粮[1]的咖啡和准备早餐时，比尔 · 朗把我拉到了一边。他说他得到消息，下一次进攻至少要在四星期后，这场战争还长着呢，让心爱的姑娘们在伦敦长期受思念之苦是件很危险的事。然后他说五天后有艘船去英国。

于是两天后我坐在了阿尔及尔英国领事馆的等候室里。领事先生是位典型的干瘪的人民公仆。他很明显地已经很厌

1 当时的美军基本战地军粮分 C. K. D. E. 四种。C 号是基层部队的主要口粮，K 号供深入敌后作战的部队，体积和重量比 C 号小。——编注

倦法国人和阿拉伯人了，同样也绝不想跟美国佬多纠缠。

“你是美国人。你属于军队。你有旅行的命令。你就不需要签证了。”

“我不是美国人。我只是和军队的关系很密切，我很需要签证。”

他看着那份纽约的英国领事为我拼拢的文件 。“这很不正常，”他干干地说，“我们某些领事的随意处理让人很难理解。”他头也不抬地问我，“你要回英国的理由是什么？”

“纯粹出于个人感情的原因，先生。”

“我准许你四个星期。手续费 1 英镑 10 先令。”

突尼斯，1943 年 4 月

美军王牌飞行员，机身标志说明已击落 9 架德军战机和 1 架意大利战机

阿尔及利亚，君士坦丁（Constantine），1943 年 5 月
完成一次日间轰炸任务的美军第 301 轰炸机大队士兵。轰战机起落架被击落，但飞行员完成了一次成功的机腹着陆

五

16 天之后，经过了无数次拖延，比尔·朗和我终于在一个星期天的早上到达了利物浦港。到伦敦的时候刚过中午，我们在那儿分了手。比尔住进了最好的酒店，而我则搭火车前往梅登黑德。

又是星期天，亚德利的房子看上去和六个月前一样。但这次，我敲门时的心情有些急切。亚德利先生开了门：“你刚好赶上下午茶！”

客厅里燃着炉火，有一位客人在，但她不是小粉儿。他们问我北非的情况，我告诉他们战争非常无聊，他们礼貌地回答说英国的战争也很无聊。我慢慢地靠向留声机。亚德利夫人头也不动地看着我，然后很随意地问道：“你的伦巴技术在北非有没有进步？”

“我想还要多上几课，”我轻松地回答。

“我有个办法能让你多上几课。”

话题突然中断了，但我感觉好多了。我们谈起了天气和食物配给。趁谈话暂停的间隙，我拿起一张提诺·罗西的唱片，转向亚德利。“顺便问一句，”我问道，“那个很喜欢这些糟糕唱片的金发姑娘最近怎么了？”

“你是说伊莱恩·帕克？事实上，她已经有段日子没放这些唱片了。她本来今天想来的，但今天是星期天，她要在情报处值夜班。她在那儿工作，你知道的。”

吃过晚饭，我说我必须得回伦敦。没有人试图留我。从梅登黑德到伦敦的路途好像比北非到英国还要长。

我在火车站打电话给情报处，被告知帕克小姐在美国部工作，要到凌晨来值班。还有两个多小时……

我在克拉里奇宾馆找到了比尔·朗，他在那儿给我们搞到了一个两间卧房和一间客厅的套房。他女朋友的电话整天都没人接。他认定我的运气也不会比他好多少，所以提出跟我分享他那瓶威士忌，接着他再次看着我。

“我半夜有个约会，”我说。

接着我就开始清洗身上半年以来的北非尘土。半夜的时候我拿起电话，报了分机号码，等着。

“美国部——我是帕克小姐。”

“你的头发是什么颜色，帕克小姐？”

“你是谁？”

“你最喜欢的歌是哪一首，帕克小姐？”

“你在哪儿？”

“我想我在爱河里。”

“苦恼吗？”

“15 分钟后我在你们的餐厅等你。”

她走进餐厅的时候，我正站在吧台边，把头靠在胳膊肘上，盯着面前的瓶子发呆。她径直走向吧台，把手肘放到台子上，说：

“你好。”

“你的头发还是粉红色的。”

“如果你让我等得再久些，你会发现它们都变白了。”

“你在等吗？”

“不，我结婚了，而且有六个孩子。”

“我希望他们会长得像我。”

我们转过身，一起走出了酒吧，碰都没碰一下我们点的饮料。我们绕着大楼走着，她要离开的时候说：

“早上 8 点在入口处等我。”然后她跑走了。

清晨 8 点，伦敦的街上灰暗空荡。我们找了一家茶室坐下，她点了熏肉、土豆、茶和吐司。现在我们两个都很认真。

“你回来是因为我在等你吗？”

“是的。”

“你会留下吗？”

“不。”

“你喜欢熏肉和吐司吗？”

“我想留下。”

我对她说我必须回到战争中去，但之后我会回来。我解释说除了这场战争可能发生的一切，我自己的处境非常不确定，我永远都不知道第二天会发生什么。

“我很漂亮。”

“谁告诉你的？”

“走过的人们。”

“你为什么要等我？”

“我见到你的第一分钟就决定了。”

“没在逗我？”

“请买单。”

现在是早上 9 点，我必须去《科利尔》办公室报到并告诉他们我要请七天的假。小粉儿觉得她可以在同样的时间段休假。我们一起朝萨沃伊酒店走去。

《科利尔》还在萨沃伊酒店，但昆廷已经不在了，那个接替他的人说纽约办公室有一份给我的电报。那电报写着我的名字，内容是：

> 你的北非照片很棒句号战争部要求共享句号可以供所有报纸使用句号你之前被他人用过的照片我们都可以刊发句号抱歉通知你来纽约句号会支付旅费加上三周额外薪水
>
> 《科利尔》纽约

我从头到尾读了三遍，然后递给了小粉儿。我问那个《科利尔》的人他是什么时候收到这份电报的。就今天早上，他告诉我。我问还有其他人知道这事吗。他说没有，而我则必须快速思考。如果我丢掉工作，我的战地记者的身份也会随之丢失。我不得不回到美国，而以我现有的身份文件，我不可能再出来了。我得在军队发现我被炒掉之前找到一份新工作。我向《科利尔》的人解释了我的处境。他说很遗憾他帮不上什么忙。我请求他等我到中午，给我一些时间去其他一些杂志社找找机会。他不太情愿，但也没有拒绝。

“你快去吧，”小粉儿说，“我在这儿等你。”

我叫了辆出租车去了《生活》杂志。

我和《生活》的关系远远谈不上好。在我替他们工作的六年里，他们炒了我两次，我自己辞职不干一次。但我和他们伦敦分部的头儿克劳琪的相识已久，而且不是一般的好。她很高兴再次见到我，而且听说我有麻烦之后一点儿也不惊讶。她说我要马上得到一份工作的机会很小，而且觉得纽约总部如果听说我又失业了，会认为我应该已经习惯这种状况了。但是，她得到消息说地中海一线正在酝酿一些大事情，所以她认为如果我能在军方发现我被炒掉之前回到北非，而且我能抢在其他摄影记者之前拿到最新的消息，事情就有活动的余地了。这一切看上去都很简单——除了那些不可能的方面——但我只能试一试。

克劳琪发电报给纽约的《生活》杂志说她听说卡帕非常不满意《科利尔》杂志，有机会能把他挖过来。

我坐出租车回到萨沃伊酒店。走进《科利尔》办公室的时候看见小粉儿正坐在电话旁边的书桌上。房间的另一角是那可怜的《科利尔》代表，看上去接近崩溃。

我说所有的事都安排好了，如果他在将来的 48 小时里不告诉军队我被炒掉的话，他将成为我孩子的教父。他回答说，如果我们现在就离开他的办公室，他至少可以72小时不想或不提我们的名字。

伦敦最好的饭店布莱斯廷离萨沃伊酒店很近。我跟小粉儿说起过，于是我们就去那儿用了午餐。布莱斯廷仍然有很好的法国香槟，我提议为我的出逃干一杯。

“什么时候走？”

“必须是今晚。”

她的双眼注满了香槟。我对她说了我和《生活》的计划以及我觉得可以通过空军公关处的朋友克里斯·斯科特搞到飞机座位。一吃完午饭我就打电话给公关处，却得知克里斯·斯科特已经转到北非去了！

小粉儿把小指放进嘴里咬了两下。

“我想我能解决这个问题。”

她叫我先办理出境许可，5点半在梅费尔俱乐部跟她碰头。

办理护照的官员对我星期天才到英国，星期一就要离开的情况非常怀疑。我告诉他我不能给他任何细节，因为那关系到军事行动。他将其牢记于心，而我也没再碰到麻烦。

小粉儿6点到了梅费尔俱乐部，点了一份饮料，说道：

“你现在可以走了。我帮你订到位子了。”

我必须在 6 点半到达航站楼。我对她说我会很快回英国。

“是啊，你最好快点。”

我问她今晚我走了她会干什么。

“你这黑心肠的匈牙利笨蛋！我要和给你飞机座位的军官吃饭——给我一个自由的晚上！”

她轻轻地吻了我一下，就走了。

在从英格兰飞往北非的黑暗的机舱里，我很肯定自己很爱小粉儿。而这一次我知道了她的名字和地址，甚至还有了她的照片。

六

从空中往下看，白色的阿尔及尔显得更白，那蓝色的港口现在是黑色的，塞满了各式各样大小不一的船只。

在艾森豪威尔的公共关系总部里，新闻室空无一人，往常成群的新闻记者都消失了，连新闻官都走了。我想知道到底是怎么回事，但那几个值班中士却回答得含含糊糊。他们只知道公关处的军官在艾森豪威尔的指挥总部。我叫他们帮我接个直线电话也不行，他们说从前天起总部就对外封锁了。

我琢磨着这些情况，觉得进攻随时可能打响，要比我预期的快得多。我被丢在进攻之外，不会抢到独家新闻，也不会有新工作。我被解雇的消息会很快传到阿尔及尔，把我逮个正着。费尽心机忙活半天，我最终将一无所获。我将在这儿被直接运回老家，而不是伦敦。

我在公关处里转悠，近乎绝望地期待着往常的奇迹出现。奇迹发生在男厕所里。我在那儿碰到一个战地摄影师，一个我的同行，他看上去很痛苦。他在闹肚子，或者说 C 号军粮腹泻，拉得很厉害，他不得不待在一个地方不动。他告诉我他为一项特殊的工作接受了几个月的训练：和一个空降师一起执行他们的第一项任务。他被指派参与这次进攻，但现在病成这样，他们在最后一刻把他送了回来。

他对整件事的态度还很达观，反正他也不怎么喜欢跳伞。现在是我利用这个拉肚子事件一举两得的好机会，我问他我怎样才能顶替他完成这项任务。他传了个信给空军总部，他们派了架飞机来接我，于是我飞到了一个位于突尼斯沙漠中央靠近凯鲁万[1]的临时大机场，那里停着几百架运输机和滑翔机，排得整整齐齐，准备出发的样子。

我被带到了公关处的帐篷，碰见了我的伦敦朋友克里斯·斯科特上尉，他现在是第 9 空运司令部的公共关系官。我给他讲了我的整个故事。

“所以你现在还是敌侨，卡帕？还在追粉红头发的女孩？”

---

1 Kairouan，突尼斯东北部城市，伊斯兰教圣地。——译注

我给他看了小粉儿的照片。他看了一会儿，“真不幸，你将在这次进攻中丧生。我将不得不飞回伦敦把这悲伤的消息带给粉红姑娘。但为了你，卡帕，我一定会的。”

他带我去见了第 82 空降师的师长李奇微（Ridgway）少将。将军非常友好。

“只要你愿意和我的部队一起跳伞并给他们拍照，我才不在乎你是匈牙利人还是中国人，或者其他什么。你以前跳过伞吗？”

“没有，长官。”

“哦，那可不太常见，不过没关系。”

回到帐篷，克里斯跟我说了所有的内幕情况。这次行动的目的地是西西里。在海岸主力登陆前六小时，第 82 空降师将在第 9 空运司令部的帮助下率先进入目标地区。我们安排在凌晨 1 点伞降，登陆艇将在拂晓时分抵达海滩。

克里斯有个主意。我可以待在领航的飞机里用闪光灯拍摄战斗中及跳伞时的伞兵。我自己不用跳伞，再搭着空运输机飞回凯鲁万。如果我能拍到第一个跳伞的人，那就等于拍到了第一个登陆西西里的美国人。我的飞机会在凌晨 3 点回到基地，我可以马上冲洗出照片用无线电传送回美国，它们会在整个进攻的新闻之前到达美国。到时候我的照片会和这条爆炸性头条新闻同时让那些报社震惊。

这个计划在每个细节上都很吸引我，我开始非常喜欢克里斯了。

只过了一会儿，我们就被叫去听战前的任务布置。战略人员向飞行员和伞兵军官概述了行动的不同步骤。他们说我们到达目标地区时会碰上大量的高射炮和德军。我们会在那儿“发现自己的灵魂”。在他们确定每个人都明白该做什么之后，我们被卡车运到了等候的飞机上。

克里斯跟我道别并说他会在机场等我回来。我没有给他小粉儿的照片，但——为了以防万一 ——我给了他小粉儿的地址。接着我们就出发了。

飞机上坐着 18 个伞兵。我由于不用跳伞，就坐在飞机最前面的那一头，这样就不会挡住待会儿伞兵们跳伞的道儿。飞机上一片漆黑，但是等飞到目的地上空时，我可以使用闪光灯拍照。到时候肯定会有足够多的爆炸，我的闪光灯只是这场表演的一小部分而已。

我们穿越地中海的时候飞得很低，飞机摇晃得厉害。机舱里漆黑沉默。大多数小伙子都在睡觉，或者只是闭着眼。

不久我就听见一些奇怪的响动。一些小伙子已经开始“发现他们的灵魂”，剧烈地呕吐起来。坐在我身边的那个小伙子

从突尼斯凯鲁万起飞去西西里的飞机上，1943 年 7 月
美国伞兵即将拉开盟军西西里攻势的序幕

一直都很安静，但现在他转向我，问道：“你真的是平民吗？”

“是的，”我回答道。

他又恢复了原先的姿势，但15分钟后他又问我：“你是说如果你不想来，你就可以不来？”

“对，”但我默默地加上一句，“如果你知道真相就好了。”

他再次安静下来，但这次的沉默保持得更短，“如果你想的话，你可以今晚就飞回美国，而不是这里？”

“这不是不可能，”我说。

现在他变得很直接了，“你干这活能拿到多少钱？”

“1000块一个月，”我撒谎了。

那之后他就没多少时间来想我的工作了。我们“期望中的乐土”在黑暗中浮现出来，燃烧着的房子和油库把它照亮。我们的轰炸机部队在半小时前就来光顾过了，给敌军的接待人员留下了深刻的印象。

不幸的是，这印象还不够深刻，德军发射了无数的拖着颜色的曳光弹，布满了整个天空。我们的飞行员不停地左右变向，试图在这些曳光弹中找出一个空隙来。

机舱前部的绿灯亮了。这是准备跳伞的信号。小伙子们都站了起来，弄直他们的开伞拉绳。我准备好相机。接着红灯亮了——跳伞的信号。我的邻座是最后一个跳的。他回过身对我叫道：“我不喜欢你的工作，伙计。太危险了！”说完，他跳了下去。机舱空了。

我一个人坐在那儿，和我在一起的是 18 根断掉的开伞拉绳。我感到孤单得要命。我应该付出一切代价和这群现在正在夜空中漂浮的伙计们在一起。

＊＊＊

克里斯在机场等着我，他把一个小帐篷临时搭成暗房。在漆黑无灯的帆布帐篷下，空气热得让人几乎窒息。为了不让显影液过热，克里斯下令从炊事长那儿搬来两大块冰，炊事长抗议说这些冰是为明天的冰激凌准备的。

我们脱了衣服开始工作。不一会儿就汗如雨下，不断地滴进显影液中。我们冲洗出第一批照片时那两大块冰已经都化掉了。我们打开帐篷，感受到沙漠夜间的凉风袭来。套上湿透的衣裤，克里斯驾着车全速开上空荡荡的道路。我们向突尼斯进发，赶往前方的新闻营地，那儿已经安排好无线电设备和新闻审查员，一切都为了西西里的这场好戏。

当克里斯专注于被炸得坑坑洼洼的道路时，我透过半暗的天空看了一下我的照片。它们都有点儿轻微的失焦，曝光过度，构图也毫无艺术可言。可它们是目前为止唯一反映攻占西西里的照片，而且比起那些从海路去西西里的摄影记者们，这些照片要比他们从海滩上拍到的东西早上许多天。

7 点半我们到达突尼斯。新闻审查员们二话没说就通过无线电传输了我的照片。我们走进新闻营地的食堂时听见高音喇叭正式宣布了我军正在进攻西西里。在场的老记们听到这条新闻时纷纷跳脚，我则平静地宣布自己刚刚从那儿回来。作为唯一掌握第一手信息的人，我立刻成为关注的焦点。他们追问着我种种细节，我讲述了整个飞行过程，详细描绘了参与进攻的士兵们从起飞到跳伞的心理和肠胃的表现。

在我接受采访的时候，克里斯离开了食堂。他回来的时候我正打算对付一对刚做好的鸡蛋。他在门口向我招手，那鸡蛋真漂亮，但我看见克里斯挥舞着一张黄色的纸条。

我来到外面，克里斯说道 :“好了，就是这个。”他递给我纸条，我开始读纸条上的短信 :

《科利尔》杂志社通知阿尔及尔公关处罗伯特 · 卡帕不再为他们工作。他被命令搭乘最早的交通工具返回阿尔及尔。

我被一棍子打蒙了。我拍到了照片，可并没给我带来任何好处。图片库知道我被《科利尔》炒了，会拼命使用我的照片——不署我的名字——而且不用支付一分钱。“混蛋，我要回去吃我的鸡蛋了，”我说。

“等一下，”克里斯叫住我，“你还准备跳伞吗？今晚还有一项任务：我们会空降增援部队。如果你和他们一起上，几星期里都没人会找到你，而且到明天早上为止我都不会对外承认收到这条消息。”

于是我丢下了煎鸡蛋，克里斯沿原路开车送我回到营地，那里增援部队正在准备晚上的行动。

* * *

克里斯毫不费力地把我弄进了增援部队，他们也给了我一个降落伞。午夜时分我们出发了。这是我最近 24 小时里第二次飞往西西里。这一次我和其他的伞兵们装束一样，这一次我发现我的灵魂也和其他人一样。关于跳伞我只知道我要用左脚跨出那道门，然后默数 1000……2000……3000，如果降落伞没有打开，我就要拉紧急降落伞的拉绳。我太累了，已经懒得想这些了。不管怎样，我都不愿再想了，我睡了过去。

他们叫醒我的时候绿灯刚好亮起来。轮到我的时候，我的左脚跨进前方的黑暗中。那时我还迷迷糊糊的，没有数那一千两千，而是大叫着："被炒的摄影师来了。"此时我的肩头感到一阵急拉，降落伞打开了。不到一分钟，我降落在森林中间的一棵树上。

那之后，我整晚都挂在树上，我的肩膀承受着我整个身体的重量，就像那位将军说的，这很不正常。无数子弹在我周围飞过，我不敢大声求援，因为我的匈牙利口音会把两方面的子弹都引过来。

早晨的时候，三个伞兵发现了我，他们割断绳子把我放了下来。我对我的树说了再见。我们俩的关系很亲密，但我在它上面的时间有点太长了。

* * *

我们的四人小分队不想引起敌人的注意，只能很谨慎地从一棵树向另一棵树前进，每走一步都经过长时间的深思熟虑。当森林在我们面前变得越来越稀疏，我们之间的交谈也变得越来越长了。从最后一棵树后，我们看见一座小小的西西里农舍，就在前方 200 码的开阔地带。我们以最标准的战斗姿势，腹部贴地匍匐着向这座农舍前进。那三个士兵各自占好战术位置，对农舍形成包围之势，他们手里的冲锋枪随时准备发射。我没有冲锋枪，作为这个小分队里的语言学家，我分到的任务是去敲门。

一个西西里老农穿着长长的睡衣开了门。他看我的样子就好像我是从天上掉下来的。我的跳伞服在他眼里可是个新玩意儿。我们的肩章上都印有美国国旗，但我这张略带地中海风格的脸给他的印象一定最深，因为他突然叫起来："西西里人！西西里人！"然后伸出双臂拥抱了我。我身后的队员们放下了手中的冲锋枪，我们迅速进入了屋子。我不懂任何意大利语，所以我试图用我蹩脚的西班牙语跟这个老农解释我的曾祖父才是西西里人，但他回以一连串听不懂的话。他不停地重复着一个词："Brook-a-leen。"我们的一个伞兵听懂了，指着他自己说："我，从布鲁克林来的。"

交谈变得容易起来，我们说明了美国人喜欢西西里人，西西里人也喜欢美国人；美国人恨德国人，西西里人也恨德国人。这些前奏讲完之后，我进入正题，我们现在在哪里，周围有德国人吗？

我们把丝质进攻地图铺在桌上。那西西里农民先是赞赏了地图的质地，然后用拇指指着地图上的内陆地区，这儿离我们应该降落的地点有 25 英里。晚上有一些德国部队从大路上经过向海岸进发，他说，但他们没有停留，而且他认为现在周围应该没有德军了。

他给了我们食物和酒，我们则回到了森林里。我们在那儿待了三天，白天睡觉，晚上出来炸毁一些小桥。第四天第 1 师的先头部队赶上了我们。他们对我们英勇的军事行动毫不在意，而作为一个摄影师——这整件事对我完全没有用处。我拍的唯一一张照片就是那个西西里农民的肖像。

* * *

西西里战役最后变成了一场历时 21 天的赛跑。最前面的是意大利军队，他们不但怕美国军队，也怕德国军队，而且向各个方向逃窜。德国军队比意大利人慢一些，但他们撤退得很沉稳。紧追他们脚后跟的是没有工作的敌侨，他又被整个美军公关处追赶着。而在我们所有人背后，推着我们没命前进的是巴顿将军的坦克军团，在尘土中隆隆而来。

在这过程中我拍了许多令人激动的照片。但我要是想让它们通过审查传送出去就得又回到那个我刚刚逃离的公关处。而且，如果我要传送它们，唯一的接收地就是那个知道我被炒掉的图片库，这可对我没什么好处。我的包里堆满了拍完

西西里，阿格里真托（Agrigento），1943 年 7 月 17—18 日
生活，在这座解放了但被严重破坏的城市重新开始

的胶卷，但发表它们的机会却一天比一天渺茫。

不到三个星期，我们就已经抵达了主要目的地，我们来到了巴勒莫的郊区。德军已经撤退，剩下的意大利军队也无心抵抗。我乘坐吉普车跟着第 2 装甲师的首批坦克进入城镇。通往城市的道路两边站满了成千上万狂热的西西里人，挥舞着白旗和自制的美国国旗，那些星条旗上星星明显不够，条纹却总是太多。看起来他们每个人都有一个在“Brook-a-leen”的表弟。

欢呼的人群不约而同地把我当成了西西里人。每个男人都来和我握手，每个年老的女人都来亲我，年轻的则往我的吉普车里塞满鲜花和水果。所有这些对我的拍照都毫无帮助。

我们不发一枪就兵临巴勒莫城下。指挥坦克的中尉用无线电和总部联系请示进城的命令。总部得知城里没有抵抗，就命令我们停下等候总指挥将军。我们一边骂着总部，一边等着。不一会儿，部队司令凯斯将军来了，周围围着成群的军事警察和待从。宪兵队立刻接过了这个任务，挡住了任何想要接近将军的坦克、士兵或战地记者。

凯斯将军让宪兵把几个正在庆祝的意大利警察带过来。那些意大利警察被带了上来。凯斯将军说他才不管他们是不是无辜，他只想要驻守巴勒莫的意大利将军。这些警察点着头用英语说“是，是”，但却一动也不动。恼怒的凯斯要一个翻译，我主动请缨。我基本上把将军的意思传达给了那几个警察，我对他们说将军不想有任何不必要的流血，他要意大利的将军宣布投降。警察们点着头用意大利语回答着“是，是”，然后爬上一辆吉普车和几个宪兵出发开往市中心。

15 分钟后，那辆吉普车回来了。只见后排座位上一位很不开心的意大利少将坐在两个喜形于色的警察中间。凯斯将军示意那位流着汗的意大利将军到他的指挥车上来，并对宪兵重复了不要让任何人进入的命令。他的车上升起了一面白旗，看上去他将兵不血刃接管巴勒莫。

我的投降仪式就要到此结束了，我想。但就在车要开走时，凯斯将军转向我，“翻译，你一起来，”他命令道。

我们来到总督府，在院子里下了车。凯斯将军要求整个巴勒莫军区和城市立刻无条件投降。我把它翻译成我最熟练的法语，希望这个意大利人能听懂。他用完美的法语回答说他非常愿意这样做，但那是不可能的，因为他在四个小时前已经向一个美国步兵师投降了，他们是从另一个方向进城的。

凯斯将军对他的迟缓反应很不耐烦，“别再跟他啰唆了，士兵！我要无条件投降，而且要马上！”

我对意大利人解释说第二次投降会比第一次容易得多，

而且凯斯将军是部队指挥官，毫无疑问会让他在战俘营里保留他的勤务兵和私人物品。事情很快解决了，他用法语、意大利语和西西里语各投降了一遍，并问他是否可以和妻子在一起。

我的翻译工作完成了，又重拾拍照的老行当。投降仪式结束之后，我看见这位意大利将军被带去监狱——两手空空，一个人。

军队涌入巴勒莫。厄尼·派尔开着第一辆新闻吉普车过来，他对我挥手叫道：

“你这该死的被炒的敌侨，整个公关处都在找你！”

对我来说在巴勒莫没有胜利庆祝。我把胶卷交给厄尼托他寄给《生活》杂志。到现在为止，他们要么已经决定雇我，要么——如果不——他们看到这些照片，他们就不得不雇我了。

我必须离开巴勒莫，而且是用脚。离开我们占领的第一座首府，离开这里所有承诺过的欢乐。我很累，烦透了做一个被炒的摄影记者。我不知道该去哪儿，但我知道第 1 师正在西西里中部的什么地方战斗着，那儿有我的哥们儿，所以我决定加入他们。我不知道他们具体的位置，花了长长的三天才找到他们。两位指挥官，特里·艾伦和特迪·罗斯福都是我的朋友，但师部对我来说并不是个安全的地方。现在，谁都知道我已经不再是特派战地摄影师了。所以我很小心地回避着指挥部，我进入了第16步兵团，在北非的时候，这儿就是我的家。

16团刚刚出发去攻打特洛伊那，一个坐落在山上的小镇。这是块难啃的骨头，我们用了七天才攻下来，牺牲了很多棒小伙儿。

这是我第一次从头到尾跟随一次进攻，我拍到了一些好照片。都是些简单的照片，显示了战争其实是多么的无聊和平凡。独家新闻往往依靠运气和快速传送，而大部分新闻在出版的第二天就没什么价值了。但对于这些士兵来说，10年后在他们俄亥俄的家里，看着这些特洛伊那的照片，他们会说："就是那样的。"

这可爱的小山村成了一片废墟。镇守这里的德军是在晚上撤退的，扔下了死伤的意大利平民。我们躺在教堂前面的一个小广场上，筋疲力尽而且感到彻底的恶心。战斗、死亡、拍照，这一切都没什么意思，我这样想着的时候，特迪·罗斯福坐着车过来了，他总是出现在最严酷的战场上。他用拐杖戳着我说："卡帕，师部收到消息说你现在为《生活》工作了。"

我为这条消息期盼祈祷了很长时间，但现在当它真的到来时，我却并不高兴。我觉得自己留在特洛伊那的没有工作

西西里，巴勒莫郊区蒙雷阿莱（Monreale），1943 年 7 月
欢迎美军

西西里，巴勒莫，1943 年 7 月
巴勒莫的指挥官朱塞佩·莫利内罗将军（Giuseppe Molinero，右）向美军的杰弗里·凯斯将军（Geoffrey Keyes）投降

西西里，巴勒莫郊区蒙雷阿莱，1943 年 7 月
美军进城

西西里，巴勒莫，1943 年 7 月
美国人在享受胜利

西西里，1943 年
一名受伤的美军士兵

的敌侨身份才是这场战争更真实的一部分，《生活》杂志的特派战地记者可能永远都比不上他。

* * *

我这个浪子乘着吉普车又回到了巴勒莫。一路上泰瑞将军背诵着诗歌，史蒂文森中校唱着牛仔歌，而我则感到有点晕。我们停下来吃东西，但我吃不下。同伴们说我看上去像是生病的样子。这一点毫无疑问，工作和疟疾同时找上了我。

医院的伙食很差但有个漂亮护士。我不能吃东西，医生就叫护士每天给我几小杯苏格兰威士忌来提胃口。护士给了我一堆美国报纸，我发现美国所有的报纸都用了我那些进攻西西里的照片，但却没提到我的名字。不过《生活》弥补了这一切，他们把我进入巴勒莫的经历做成了一篇长达七页的报道，不仅用大号字体署了我的名字，而且把我的照片放在一个小框里，说我是本刊摄影记者。

我问护士在巴勒莫能不能找到好点儿的食物，她回答说在埃克塞尔西奥酒店有个很不错的黑市餐厅。她看出了我的冲动，说我现在还在发烧，我们可以在天黑后从地下室的窗户偷偷跑出去。

我们吃到了上好的牛排，喝了起泡酒（Spumanti），过得很

西西里，特洛伊那（Troina）附近，1943 年 8 月 4—5 日

一名西西里老农正在向美军士兵报告德军的去向

愉快。回到医院的时候已经很晚了，那扇窗被锁上了。

我表现得像个 18 世纪的骑士，送那个护士回到她的部门，大模大样走进医院大门，说我是个新病人，有一点儿疟疾的症状。他们又重新帮我登记检查了一遍。不幸的是我被送到了原来的那间病房，而且就是原来的医生来帮我检查。这一次我被医院炒了。

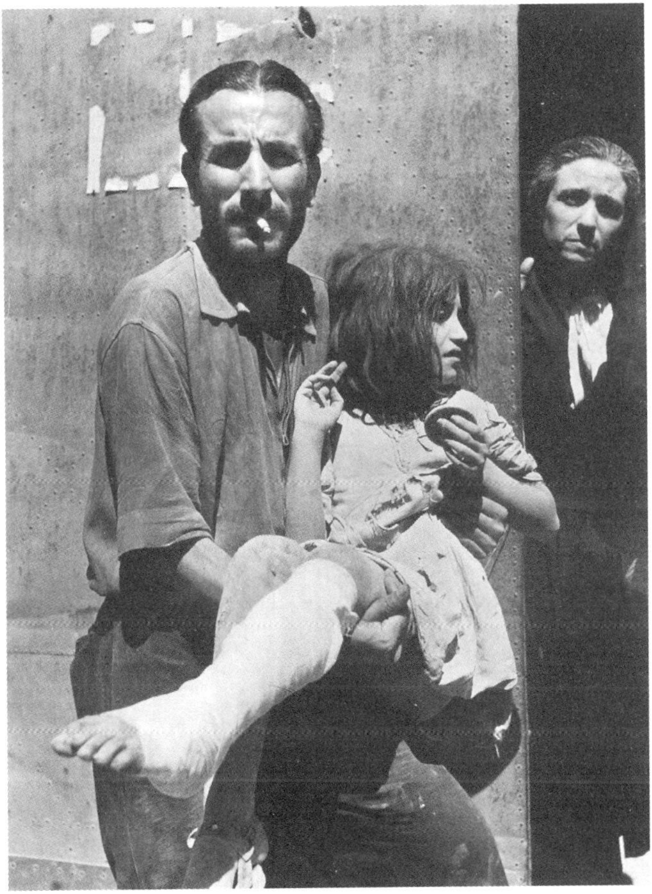

西西里，特洛伊那，1943 年 8 月 6 日
美军对山顶的德军据点进行了一周的轰炸，最先进入镇中的美军侦察部队，发现一些意大利平民被困其中

西西里，特洛伊那，1943 年 8 月

西西里，特洛伊那，1943 年 8 月

意大利，西西里，1943 年 7 月
一名德国战俘

七

1943 年秋

西西里攻势结束了，我被运回了阿尔及尔。新闻总部里热闹忙碌，而在简报室里——官方新闻稿通常在这里发布给新闻记者们——我看到了一大群大牌记者，让人印象深刻。快速攻占西西里和即将开始的对欧洲大陆的反攻让他们风风火火地从美国的办公桌旁赶了过来。

房间里充满了推测，大事件（Big Thing）会在什么时候，什么地点发生。人们谈论着空军的实力、弱点，以及拉长的空中补给线，而这些都引不起我的兴趣，所以我决定离开这里。我要给自己找一间带大床的房间，一个浴缸和干净的毛巾，还有一个蜂鸣器用来呼唤服务生。

阿尔及尔只有两家大酒店。山顶上的是圣乔治酒店，被用作艾森豪威尔的军事总部。第二家叫阿莱第，俯瞰着港口。它是专为以下这些人士准备的：从前线回来的将军们，外交官和战地记者，重要的“自由法国”战士和仍然重要的法国维希政府，以及从事不明工作的非常高级的女士们。

我到阿莱第的时候，负责住宿的中士没有给我房门钥匙，而是做了一个排练熟练的演讲。他说，1942 年 11 月，阿尔及尔只有 22 个特派战地记者，镇上的少校分配给他们 10 个房间。而现在，1943 年 8 月，这儿有大概 150 个特派记者，分配到的还是那 10 个房间。我和他争论起来，他的回答就是耸耸肩。房间在三楼，他说，我可以去试试运气。

我已经不幻想有一张属于自己的床了，但仍然对浴缸和蜂鸣器抱有希望。我一间接一间地问可不可以共用一张床，恳求能共用地板，但都没用。那些房间里不光没床了，连每一平方英尺的地板都放满了行军床或铺盖，一个挨一个地挤着。甚至连仅有的几个阳台都被征用了。

我只能带着我的铺盖暂时停靠在大堂的一个空角落里，灰心丧气地坐着，不知如何是好。就在这时，我以前的老板昆廷 · 雷诺兹挺着他 230 磅的大块头出现了。他很高兴我又有了工作，并叫我别为房间着急。从英国来的路上，他交了个很谦恭的小个子朋友，这位朋友是一个什么英国文化委员会的代表。这个英国文化委员会一定是个重要的组织，因为这个小个子朋友有一间两张床并带阳台的房间。昆廷就睡第二张床，他很肯定他的小个子朋友不会反对一个友好的匈牙利人占用一小块地板。

那天晚上，当这个小个子回来的时候，他发现我躺在他的地板上。他为吵醒了我而抱歉，并希望我感到一切都舒服。我含含糊糊地回答一切都好又立刻睡了过去。

第二天早上，我们被克拉克·李叫醒，他是所有外国记者中最英俊的一个，他的报道和他逃离巴丹半岛[1]的经历一样相当著名。但那天早上他不如平常英俊，因为他的脸由于一颗感染发炎的牙齿而肿得厉害。他一只手指着自己的脸，另一只指指床。那位谦逊的英国文化委员会的绅士就顺从地走了出去，于是克拉克呻吟着挤了进来。

到了晚上，我们这位英国文化委员会的朋友重新获得了他的床位。就在我们都安顿下来时，门开了，杰克·贝尔登，脾气最好，也是脾气最坏的记者走了进来，他不发一言地打开他的铺盖，钻进去睡了起来。我们的房间主人想要解释些

1 Bataan，巴丹半岛位于菲律宾吕宋岛，二战期间（1942 年 4 月 10 日至 15 日）日军在此地区命已投降的美菲联军徒步转移，在途中对战俘施以暴行，史称“巴丹死亡行军”。——编注

什么，我们就告诉他杰克曾经和史迪威（Stilwell）将军一起从缅甸撤退。

厄尼·派尔在午夜时分来找我们。他是最最害羞的男人，我们所有人和他比起来都是大个子，他为打扰到我们而道歉，但他瘦弱的样子很难引起我们的注意。

这样的一个晚上已经足够了，但我们注定要被再吵醒一次。这一次的来访者是一群德国飞机，低空飞行，把炸弹扔在离我们的窗户几百码之外的地方。我们待在原地没动，但都戴上了头盔。那位英国文化委员会的先生没有头盔，然而他觉得待在床底下会安全得多。克拉克·李可不在乎这些，那晚剩下的时间里他又可以睡在床上了。

第二天我们都在等公关处的电话。我们坐在房间里感到有点无聊，有点害怕，讨论起即将来临的“大行动”（Big Move）。下午的时候约翰·斯坦贝克和H.R.“红毛儿”·尼克博克（“Red” Knickerbocker）带着三瓶阿尔及利亚产的杜松子酒进来，他们说这酒对克拉克·李的头痛管用。那玩意儿喝起来可真够呛的，但我们都不想看着克拉克一个人喝它，所以我们在那鬼东西要了他的命之前齐心协力帮他喝光了。而同时，斯坦贝克和尼克博克静静地在阳台上铺开了他们的铺盖。

从那开始，每天早上我们的小家庭就会多一些新成员。

从阳台上，我们能把港口看得一清二楚。每天有越来越多的船运来部队、枪支和飞机。那些大船之间的空隙渐渐被成群的小型登陆艇填满。“大日子”（Big When）就要来了。

就在我们的房间再也挤不下人的时候，我们接到电话要去总部报道。收拾起头盔、铺盖，我们跟那小个子主人道别，然后把他一个人丢在空空的房间里悲伤。

* * *

我们挤进公关处总部。公关处的头儿，陆军中校乔·菲利普斯把我们一个接一个地叫进办公室。他没告诉我们任何关于行动的事，只是通知说从现在开始我们要被“隔离”开来。我们又一个挨一个地接到了自己的任务。轮到我的时候，菲利普斯说：“卡帕，我相信你是个天生的伞兵。”我抗议说我是天生的匈牙利人。他笑了：“我想我们最好还是谈谈第一种说法。”

几小时后，我被送到了位于凯鲁万的飞机场。六周前我就来过这儿，那些飞机和滑翔机排成的队形也和以前一样。而现在不同的是C-47型运输机的鼻子上画上了小小的白色降落伞——每一个降落伞代表着一项敌占区空投任务。

克里斯正等着我，见我一到就来招呼我："祝贺你。我听说你得到了工作，现在完全合法了。小粉儿怎么样？"

我回答说我没有任何麻烦。他很失望，"你就跟其他所有的记者一样没劲，"他说，"但我有事要告诉你。《芝加哥论坛报》（*Chicago Tribune*）的西·科曼也在这儿，他的牌打得比你还臭。"

我打牌和以前一样臭，但到午夜的时候，我赢了所有人的钱。克里斯一边从桌子前站起来，一边抱怨着我好得出奇的运气。这只有一个解释，他说，小粉儿现在一定过得很不错。

第二天，克里斯必须飞往开罗。我给了他从扑克上赢来的钱，要他帮我买五双丝袜和一瓶最好的法国香水。他接受了这任务，但认为这些东西对我来说都派不上用场。

36 个小时之后，克里斯带着东西回来了。我寄给小粉儿的时候附了一张纸条。在把丝袜寄走之前，我对自己发誓，我一定会回到伦敦的。

在炎热的突尼斯沙漠里，日子过得很慢。还没有任何反攻日[1]的迹象。第 82 空降师和第 9 空运司令部的总部被封得严严实实，计划室也严禁任何非机要人员进入。

1　D-Day。指盟军在西欧发起反攻的日子。——编注

我们厌倦了在太阳底下干等，开始对那个被通知要跳伞的日子感到不耐烦了。最后，这一天终于来了——但我们没有登上飞机，而是被命令登上了停在加夫萨附近港口的步兵登陆艇。

我们在地中海蜿蜒前行了两天，然后突然改变航向停靠在了西西里的利卡塔港。又要开始跳伞了，第 9 空运司令部的飞机已经从凯鲁万转移到了利卡塔机场。

克里斯也在那儿，而且已经为我们准备好了一间新闻室。高级军官们占用了利卡塔高中，而公关处设在实验室里。在充满玻璃烧杯、骨骼和鸟类标本的环境里，国际新闻社的迪克·特里加斯基斯在打着他那些永远通不过审查的关于进攻前的报道，而科曼和我在一块倒下的黑板上玩儿了两把扑克。

空降部队驻扎在利卡塔机场后面的橄榄树林里，处于待命状态。这个小镇因约翰·赫西的那本《给亚达诺镇的钟》（*A Bell for Adano*）而闻名，但找不到一个钟，却有充足的鱼和发酵的酒。到晚上，营地里很凉快，天空里布满星星和蚊子，新的谣言在橄榄树下自由地流转。

第二天早上，第 82 空降师的泰勒将军问谁能借给他一根带钱包的腰带。这让我想起那个关于马克·克拉克将军的故事，为了准备进攻非洲，他秘密抵达了北非的海岸。没想到在海滩上登陆时碰到宪兵，在随之发生的扭打中，他掉了裤子和用来贿赂的几百万法郎。

我给了泰勒将军一条带钱包的腰带，那腰带是我用打扑克赢来的钱买的，我问他想弄丢的是不是只有裤子。

将军接过我的腰带，评价说新闻记者话就是多。

两天后，整个营地都忙碌起来，我们被命令检查装备并把个人物品打包。我被叫到了总指挥李奇微将军的帐篷里。

“卡帕，”他对我说，“你今晚将在罗马用晚餐。泰勒将军已经在那儿了，和意大利的停战协定已经签署了。”

我们的空降部队要在当晚占领罗马城和机场。“巴多格里奥元帅（Marshal Pietro Badoglio）已经向我们保证他会让机场没有一个德国人，确保我们降落的安全。”他接着说第 5 军将在第二天早上登陆那不勒斯南部的萨莱诺（Salerno）。

这可是一条天大的独家新闻。当其他摄影记者还在拍摄枯燥的海滩或者一些当地的下级官员，我将在墨索里尼的老家逮到他。而等我的这些同事赶到罗马时，我早已经在意大利最好的酒店扎下根，可以熟悉地呼喊酒保的名字了。

我回到住处，脱下那一身跳伞服，换上一条粉红色的裤子和一件华达呢衬衫。不一会儿我已经坐在李奇微将军的领航飞机里，准备起飞了。

飞机发动机刚刚热起来，一个传令兵跑上来递给将军一条无线电消息。是泰勒将军从罗马发来的：

下午德军已占领机场意大利人未能阻止建议取消所有计划。

我是全意大利最伤心的穿粉红色裤子的人。

＊＊＊

三天后第 5 军在萨莱诺登陆，一条载着三个空军记者的小船停泊在这个改变命运的港口。只用了 72 个小时，但对有些人来说这是一生中最长的 72 小时，对许多人来说，这是最后的 72 小时。那些烧焦的、半沉的军舰和登陆艇，那些在欧洲大陆第一块美军墓地的白十字上飘扬的旗帜——所有这些都在告诉我们在萨莱诺曾经发生过什么。

一只水陆两栖车带我们上了海滩，我终于在离开五年后又回到了欧洲大陆。由于第 5 军的到来，这里发生了一些新变化。海滩被大号标记分割成红、绿和黄色登陆区；新造的道路标上了“主街”“百老汇”和“第 42 街”；宪兵们戴着一尘不染的白手套在十字路口指挥交通；每个角落都贴着特大号的标语，上面写着军队十诫中的第五诫：

士兵不带头盔将被罚款。遇到长官必须敬礼。

驾驶吉普车必须持有特别授权卡。

新闻营建在向内陆一英里的某个工厂里，而且我们还必须出示各种证件才能获准进入这个圣地。所有的记者都在那儿，每个人都写过两三篇相当耸人听闻的战争报道。

我们都在研究地图。前线离这里只有四到六英里，我们的先头部队位置离那不勒斯也还有二十英里。在滩头阵地的左翼，离那不勒斯最近，也是离总部最远的部队上，标着一个蓝色的方块写着突击队员、特种部队和伞兵。

错失了进攻报道之后，我决定要和最有可能先到那不勒斯的部队在一起。所以我向马约里（Maiori）出发，突击队的指挥所就在那儿。

突击队也许并不一定比那些出色的步兵团强很多，但他们经过了更为严酷的训练且更富经验。他们说起话来像傻子，但战斗起来却是杀手——有一次我还发现他们能像英雄一样哭泣。而他们的长官达比中校则比他们任何人说话都更粗鲁，战斗也更强悍。

我当天晚上到达了马约里。精神不错，但很累，所以我决定给自己找张床。在任何进攻前最容易找到床和食物的地方就是医院。我在一座小教堂里找到了医院。它并不难找：只要沿着那一长溜救护车就能找到。

教堂的入口处，一个个满是血迹的担架从救护车上抬下来。在教堂里面，乙醚和熏香混合的气味，加上伤员痛苦的呻吟构成了一场奇怪的祈祷。教堂里都占满了，大多数伤者不得不躺在冰冷的地板上，仅有的几张军用活动床都给了那些奄奄一息的伤员。在他们的头上，血浆瓶仿佛圣器室的灯一样挂在那里，那滴流着的血液好像试图要抓住他们正在逝去的生命。

圣餐台前，有个士兵独自跪着，背对着这些伤员和在死亡边缘的战友，他是他们的牧师。我看得出他的身体没有受伤，但是曾经有一颗炮弹在他的身边爆炸，把他的精神炸毁了，连基本的感觉都给炸没了。他嘴里不停地嘟囔着一串不连贯的声音，只有上帝才知道他在说什么。

意大利的修女们在照顾伤者，第一批被抓的德国战俘在擦地板。我犹豫了一下，然后拿出照相机，闪光灯无情地破坏了这里的气氛。我是个摄影记者，这是一个不平常的医院……这是个好故事。

医生的房间在毗邻教堂的孤儿院里。医生把他的床给了我，他自己根本没时间用它。

早上，医生和我一起用早餐。我们吃着的时候，一群孤儿排着紧凑的队形，在一个嬷嬷的带领下走进教堂的花园。他们唱着歌，那是青年法西斯的歌曲。医生本来在咖啡旁睡着了，但他突然惊醒并对翻译喊道：

“你告诉那嬷嬷再也不能唱这种歌了，我绝不会用美国的军粮来抚养这些未来的法西斯。如果这些孩子不散开队形，像正常孩子那样玩耍，午餐就不会有东西吃。”

他们争论了很长时间，那个嬷嬷最后大步走了出去。孩子们开始像一群小印第安人一样疯玩起来——新的民主就这样诞生了。

有一阵子，那个医生放松下来，笑了起来，然后他又变得严肃，突然站起来，冲回了他的手术室。

* * *

在突击队指挥所我看到达比中校和他的队员们在用早餐。他们已经几天没有洗漱也没睡过觉，而中校正在同时用三个电话通话。

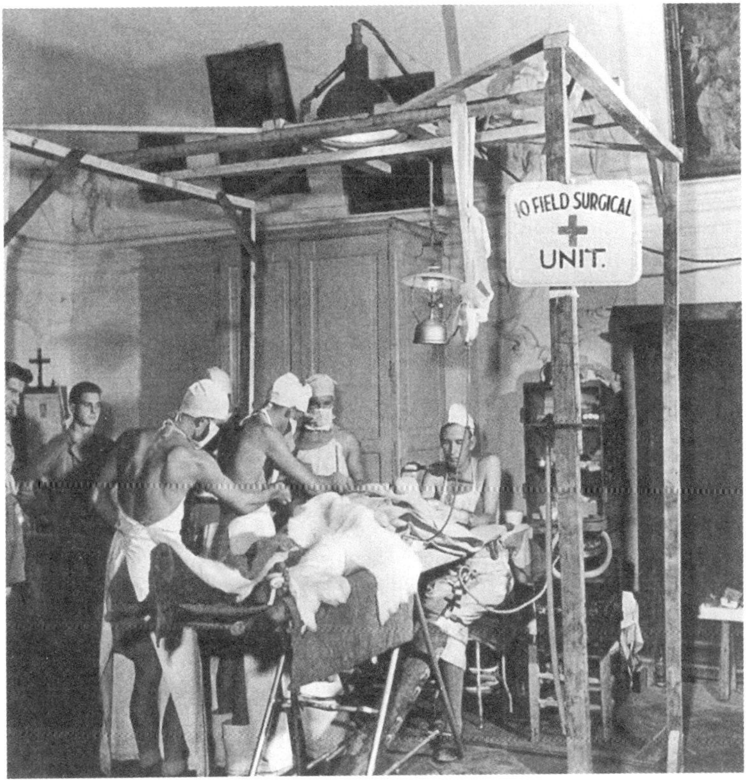

马约里，索伦托半岛（Sorrento Peninsula），1943 年 9 月 19 日
一个英国外科救护团队在一座教堂中搭建的手术室里，地点位于萨莱诺滩头阵地北部

“我能为你做什么，摄影师？”他问。

我告诉他我急着想要见识战争。

这可不难，他回答说。他的部队不多，装备则更少，但却有足够多的战争，而且他可以分一点儿给我。滩头阵地的整个左翼都是他的阵地；他的部队除了突击队之外，还有一个伞兵团，36 步兵师的一个营，一些英国突击队员和一支英国轻型坦克特遣队；他有几门大炮，两排迫击炮和一艘停在港湾的英国轻型巡洋舰。

“如果你一定要拍照，那么齐伍兹山口（Chiunzi Pass）绝对是个好地方。多待一会儿，我的司机会带你去舒斯特堡（Fort Schuster）。”

狭窄委蛇的山道两旁是葡萄园，那些成熟的蓝色葡萄看上去很漂亮。我跟司机提议能不能停车。他没有减速反而踩了油门。他指了指地上那些新的弹坑和横躺在路边沟里的一个士兵。

“我可不停，”他说，“绝不在这条该死的路上。”

正说着，一枚炮弹呼啸而过，就在我们身后 100 码的地方爆炸。我相信了他的话。那些葡萄一定酸得厉害。

* * *

舒斯特堡原来是建在山口顶上，路弯深处的一座老式意大利旅馆。它已经有几百年的历史了，厚厚的墙全都是用当地的石头建的。路弯的另一边就通向平坦的那不勒斯，但我敢踏出去欣赏这边的风景还是几天后的事。

舒斯特堡是个急救中心，名字取自这里的主管医生。房间中央放着一张大桌子，曾用来做急救手术。我进去的时候，医务人员正在为一些伤员做准备，要把他们转移到马约里的教堂去。

从西班牙内战开始我就在拍摄战争和鲜血，但即便如此，七年后的现在，看到断肢和鲜血，我的胃还是让我禁不住要闭上眼睛。我把铺盖铺在离他们最远的一个角落，旁边有两大桶红酒。

德国人不停地轰炸山口和山脊。炮弹在我们周围到处爆炸，但舒斯特堡躲在路弯的深处，很难被瞄准击中。

可是那些躲在山脊上散兵坑里的小伙子们却遭到了炮火的严重打击，不到半夜这座旅馆就已经挤满了人。门边上的是死人，房间中间是伤员，而远处的角落里——酒桶和摄影师。

晚上的时候，36 师步兵营的指挥官沃克中校和他的士兵

齐伍兹山口，索伦托半
岛制高点，1943 年 9 月
前哨战地之外的散兵坑

们来了："抱歉，大夫，但我们必须进来。德国人新增了两架迫击炮，而且全对准了我的指挥位攻击。"

他们在伤员中间安上电话。这地方变得那么拥挤，我不得不把铺盖移到那两个大酒桶下面空出来的地方。

过了一会儿，一枚迫击炮弹就打在路弯的道口，一些弹片穿过了盖在窗上的床垫。在那150加仑红酒的额外保护下，我觉得相对比较安全。

炮击整晚没停。德国人已经知道我们在山脊上的精确范围，每一次爆炸后都有新的伤亡报告送进来。沃克中校向突击队总部报告说他的侦察员还没有确定敌军新迫击炮的位置，他不断减少的部队恐怕要守不住。

达比命令他不惜一切代价守住，他会在天亮前增派援兵过来。清晨，增援部队来了。他们由一辆受到重创的半履式军车，车上面架着的一挺75毫米口径的机枪和四名突击队员组成。那辆半履带式装甲车的外壳上漆着四次著名战役的名字：奥兰[1]，卡塞林山口（Kasserine Pass），609高地（Hill 609）和杰拉海滩（Gela Beach）。负责指挥的是奥布赖恩上尉。他的衬衫上缀着一颗银星，唇边有一捧浓密的大胡子。

1 Oran，阿尔及利亚西北部港市。——译注

我们都沉下了脸。一挺轻机枪对两门德国迫击炮！奥布赖恩欣赏了一会儿我们的懊恼，然后说许多强力增援正在赶来的路上，让我们都放松了。

奥布莱恩的任务是找到那些捉摸不定的德国迫击炮，他给我们提供了一个简单的计划。他会把他的军车开到75码远的开阔地带，吸引德国人对它开火，以暴露他们的位置。这是个大胆的主意，而且肯定会把敌军火力引到山口上来，但沃克别无选择只能让他执行这个计划。

我拿出带最长镜头的照相机，准备在门口拍下这一行动的全过程。那半履带式装甲车开了出去，不久，打进来和打出去的炮弹就分不清了。我不得不在拍摄的间隙跳回旅馆，但我最终还是给这场漂亮的表演拍了36张照片。

12分钟后那辆半履带车打完了所有的子弹开回了山口。奥布莱恩和他的同伴都没有受伤，但车上有许多新的弹坑。他们很肯定炮火是来自山口下那个丛林里的小村子，一支侦察小分队已经被派去摸底了。炮弹不断袭来，石灰不停地掉下来，但我们能做的就是等待。

黄昏时分，一个年轻的美国中尉带着四门重型迫击炮来了。和他一起来的还有一个年轻的英国中尉，一架无线电设备和两个士兵。这些英国人是停在港口的巡洋舰派来的代表。

迫击炮安置在我们的后院，士兵们在旁待命，我们通过无线电和他们联系告知打击目标，他们随时准备开火。

不一会儿侦察队回来了，报告说德国迫击炮就在村子里。那些炮很聪明地藏在许多农舍里，通过屋顶上的洞发射。

我们制定了计划，等天一亮就给德国人展示一下我们增援后的综合火力。首先，用四门迫击炮发射烟雾弹，接着英国朋友们会用他们带来的八挺机枪表示大英帝国的贡献，最后，那辆半履带式装甲车会再次开出，对着任何从村子里逃出来的德国兵射击。而我会趁着晚上偷偷溜出去给自己找一个能俯瞰到村子又有掩护的地方，用照相机拍下我看到的一切。

我紧紧靠在山上等了大半个晚上，疯狂地想念舒斯特堡并且觉得我应该加工资了。

旭日的第一道光芒照亮了我的舞台。那村子就在我身下750码的地方，背后衬托着维苏威火山，一道美丽的浓烟正从火山上升起。我嫉妒维苏威火山。为了不暴露我的藏身之地，我连烟都不敢点。

星期三的下午整个平原比墓地还要静。我能清晰地辨认出位于葡萄园中的几百座农舍，同时觉得他们在那儿也一定能清楚地看到我。每一扇窗都直直地看着我，我试着把身子压低在灌木丛里。我的后背很冷，我恨这美丽的景色。我只想看到舒斯特堡肮脏的墙，而且是从里面看到它。而在这里，像一张煎饼一样躺在两军中间冷冷的地上，我只有两个选择：要么吓得胃疼，要么吓得背上冒冷汗。

我们的第一枚烟雾弹正中村子的中央。接着迫击炮、英国海军和半履带式装甲车先后向那白烟扔下几百枚炮弹。我把头抬到离地不到三英寸的地方开始拍照，但拍到的都是同一幅画面，我所能做的就是每一张都用上不同的滤光镜。村子里的烟升到空中，此时的维苏威火山在背景中就像是它的兄弟。

炮弹在我头顶飞过，迫击炮呼啸着，士兵们尖叫着，那半履带式装甲车也发出又高又刺耳的嘎吱声。然后德国炮弹开始回应了，嗖嗖地打在离我只有 100 码的山顶上。我把头埋在树叶里。太阳照得我的背暖暖的，我希望那些声音只是鸟儿在空中飞舞唱歌。

太阳下山时一切又恢复了安静。一层薄薄的黑烟仍然从那些村舍燃烧着的墙上升入空中，而维苏威火山如平常一样冒着烟，好像从未受到过打扰。

晚上我爬回了舒斯特堡，发现李奇微将军和达比中校已经接管了这里。第 82 空降师已经调到了马约里，对那不勒斯的总攻就在明天早上。

我卷起铺盖对舒斯特堡说再见。半夜我跟着一支英国装甲部队穿过了齐伍兹山口，天亮之前我们已经到了山下的平原。德军在晚上已经撤退了。那些小农舍，曾经让我那么的感到恐惧，现在都站满了欢庆的意大利人。他们给我们提供水果、酒，还有停不下来的唠叨，说他们一辈子都在等我们的到来。

* * *

我们一路上没遇到任何阻力，停下来的几次只是为了询问前面的道路是否安全，喝上几口酒或者亲吻一个姑娘。到达庞贝的时候，一个士兵开始狂热地赞美起那些古迹墙上肮脏的壁画。于是我们下车，每人付两个里拉，由两个年迈的意大利导游带着参观了这里的古代遗迹。那些描绘古罗马性爱艺术的美丽壁画很容易被我们这群入侵者理解和欣赏。我们给了导游小费然后再次启程前往那不勒斯。

那不勒斯新的遗迹上画了些不一样的东西。墙上用大号字体写着 MORE IL FASCISMO（该死的法西斯主义）和 VIVE LOS AMERICANOS（美国人万岁）。这儿的姑娘看起

“舒斯特堡”，1943 年 9 月

美军的观察哨里，士兵们在关注一艘岸边的英国驱逐舰向齐伍兹山口下面的轴心国军队进行炮击

“舒斯特堡”，1943 年 9 月
用餐时间

来都脏兮兮的——那不勒斯的水库四星期前就被切断了。

拍摄胜利的照片就像在拍摄一场教堂婚礼新人离开 10 分钟后的场景。那不勒斯的庆祝仪式非常简短。狂欢用的五彩纸带还在垃圾里闪烁着，但肚子空空的狂欢者早就四散离开，他们已经在猜想明天新郎和新娘会吵得怎么样呢。我脖子上挂着照相机，沿着被遗弃的大街走着，很不开心，但又为不用再拍照而感到高兴。我想，当我回到入住的帕尔科酒店时，我就会感到问心无愧和口渴的。

通向我的酒店的那条狭窄街道被一排沉默的人群挡住了，他们排在一所学校门前。这不是领食物的队伍，因为从学校走出来的人们手里只拿着帽子。我排到队伍的最后，跟着他们走进了学校，看见的是漂亮的花和难闻的尸体。房间里放着 20 具简陋的棺材，并没有被鲜花完全盖住，而且棺材本身也太小，没法遮住那些孩子们脏脏的脚。这些孩子的年龄应该足够可以和德国人战斗并被他们杀死，但对于儿童棺材来说，他们还是大了一点儿。

就在我们被困在齐伍兹山口的那段日子里，这些那不勒斯的孩子们偷出枪支弹药和德国人战斗了 14 天。这些孩子们的脚才是对我回到欧洲大陆真正的欢迎，我曾在这片土地上诞生。他们比我一路上遇到的歇斯底里的欢庆人群更真实，

那不勒斯，1943 年 10 月 2 日
沃梅罗（Vómero）区的桑纳扎罗学校为 20 名反法西斯小战士举行葬礼

那不勒斯，1943 年 10 月 2 日
失去孩子的母亲以及其他亲属

我知道这些人群中的许多人在一年前也曾高喊过 Duce[1]!

我摘下帽子，拿出相机，把镜头对准那些扑倒在地上的妇女的脸，为她们死去的宝贝拍照，直到这些棺材最后被带走。这是我拍过的关于胜利的最真实的照片，就是这些在这个简单的学校葬礼上拍的照片。

* * *

我马上又找到了另外一些胜利的照片。回到酒店，克拉克将军的公共关系官正在等着要带我去一个重要的欢庆仪式。这个重要仪式在皇家花园举行，第 5 军的军部就设在那里。将军的拖车就停在一棵大橡树下，一些年轻的上校正跑来跑去安排着坐椅。其中一个上校建议我站在侧面拍摄将军，这样就能拍到将军帽子上的星星了。很快将军带着他三颗闪亮的星星来了。那不勒斯的主教也来了，穿着紫色的长袍，闪亮的装饰品随着长袍飘荡着。

我站在规定的位置，将军的左侧。将军是个非常和蔼、开心的胜利者，而主教大人，他已经为这个场合和不同的德

1　领袖，首领。意大利法西斯统治时期对墨索里尼的称呼。——译注

国将领练习了三年。他们互相笑着握了很长时间的手，就连动作最慢的摄影师都不会错过。

我要给《生活》杂志寄点照片回去，我把那些死了的孩子和将军的胶卷放进了同一个信封里。

* * *

胜利是令人厌倦的，而街上那些饥饿的那不勒斯人很快也惹得我心烦。我的30岁生日就快到了，我决定舒舒服服庆祝一下。卡普里岛（Capri）就在五英里之外，它一点儿都没受到战争的影响，是美国空军指定的休养中心。而且，克里斯也到了那不勒斯，他觉得作为一个专家级的公共关系官员，应该好好参观一下意大利的首个休养营地。

卡普里岛把我们当成了预示着盎格鲁–撒克逊旅游贸易回归的信鸽。我们根本没法休息。白天整个旅馆的员工都在对着我们热情地练习他们忘了一半的英语，晚上，所有的吉他手都在我们旅馆的窗下唱小夜曲，而且不停地反复唱着同一首歌。它听上去奇怪地熟悉，我跟克里斯打了5美元的赌说这歌的名字叫“好日子又回来了”。

到半夜的时候我们下楼去确认歌曲的名称。不，他们说，

那不勒斯，1943 年 10 月

IN THE MADE HOUSE

那不勒斯，1943 年 10 月 7 日

德军撤离这座城市前，在中央邮局的地下室里安装了一枚重型定时炸弹。

炸弹在一周后爆炸，100 人丧生，伤者无数

那不勒斯，1943 年 10 月

德军向北撤退时炸毁了城市的供水系统，居民们只能到盟军的给水卡车取水

这是“祝你生日快乐”。克里斯就用那 5 美元打发了这群音乐家，而我已经 30 岁了。

* * *

第二天早上，新成立的反法西斯旅游协会的主席带我们乘船绕着岛游了一圈，给我们看了那些著名的蓝绿色岩洞。另外，他还给了我们一张同法西斯合作者的名单，要求我们一回去就把他们抓起来。下午，合作者联合会的主席给了我们一箱陈年白兰地。我们接受了这礼物并向反间谍部门告发了给我们礼物的人。

我们决定躲开卡普里岛的政治活动，在意大利人发现他们其实是我们的盟友并对我们涨价之前买些东西。克里斯投资了几百里拉在纪念品上，他的理论是战争可能很快就要结束了，如果芝加哥的姑娘们还想着他的话，这些东西就有用处了。我得找些适合小粉儿的东西。我们找到一家卖服装的小店，柜台后面站着一个可爱的黑头发女孩。她一点儿英语都不会，但她会其他的事而且很愿意提供帮助。我打手势给她展示小粉儿和她身材的细微差别。

要描述小粉儿的发色可不是件容易的事，但一块浅色的珊瑚和一个长着雀斑的意大利小孩帮了我的忙。我们的营业员姑娘飞快地一笑，露出她洁白的牙齿，接着就开始帮我包起丝袜、佛罗伦萨蕾丝做的内衣、彩色的裙子，还有许多女孩子能用的，但我绝想不到的东西。

克里斯站在一角保持中立，不时用同情的目光看着我，又用不同的目光看着营业员姑娘。最后这家小店和我的钱包都筋疲力尽了。她帮我包裹这些东西的时候，我邀请她和我们共进晚餐。她拿起那块粉红色的珊瑚放在我手上，再指指她自己，摇了摇头。一旁的克里斯虽然不懂意大利语，但明白具他所有的事，他挤了过来。他从我的手里拿过那块珊瑚指着它说道“我，不，不，不”，然后指着那姑娘说“我，是，是，是”。那姑娘不太会说英语，所以也就没法和他争辩。

* * *

那不勒斯不怎么样。罗马会更好。

在那不勒斯和罗马之间，温斯顿·丘吉尔先生所说的“欧洲柔软的下腹部”像一个怀孕的肚子，装着艰险的群山和配置良好的德国机枪。那些山谷间很快就被医院和墓地填满了。

天开始下雨，烂泥越来越深。我们脚上那双为城市要塞而设计的鞋子饥渴地吸收着水分，每前进一步就会向后滑两步，而我们轻薄的衬衫和裤子也无法抵御寒风和大雨。我们这支全世界装备最好的军队就陷在大山里，看上去根本没在前进。每次费力地前进 500 码，却好像离罗马越来越远了。

文字记者们被禁止，也不情愿写出这次行动的真实情况。而且，现在的情景用图片比文字更能表达得清楚。就是在这里，比尔 · 莫尔丁[1]创作出了威利和乔（Willie and Joe）的形象，两个在意大利战斗并幸存下来的普通士兵。也是在这里，我使用我的照相机并喜欢上它。我拖着自己的身躯从一座山到下一座山，从一个散兵坑到下一个散兵坑，拍摄着烂泥、苦难和死亡。

进入 12 月，我开始攀登陡峭的潘塔努山。第 34 步兵师在过去的 10 到 15 天里试图登上顶峰，并最终比我早一天到达了山顶，一路上的尸体都来不及掩埋。

每隔五码就有一个散兵坑，每个散兵坑里至少有一个阵亡的士兵。在他们尸体的周围，我看见扯下的口袋本图书的封面，被雨水浸得湿透，C 号军粮的空罐子，还有字迹模糊

---

1 Bill Mauldin，美国连环漫画家，以二战中前线士兵生活为创作题材，作品有《在前线》等。——译注

的家信。有些士兵在勇敢地跳出散兵坑时被打死，他们的尸体挡住了我的路。他们的血干了，变成铁锈一样的棕色，混杂着飘落在他们身边的秋叶的颜色。

我爬得越高，离死亡就越近。我不能再看了。我跌跌撞撞地爬向山顶，像白痴一样对自己重复着一句话："我要走在加利福尼亚的阳光底下，穿着白鞋白裤。"我快要得战地记者的神经官能症了。

从 11 月到圣诞节，第 5 军前进了不到 10 英里，在烂泥地里倒是又陷进去了 10 英寸。我的内衣在军装里面已经变得僵硬。我拍的照片跟这场战争一样悲伤又空洞，而且我不想把它们寄给《生活》杂志。

圣诞节的前两天，我决定和第 5 军说再见了——我们之间的任务已经完成了。我知道战争不会在意大利决出胜负。兵营里到处在传艾森豪威尔的指挥部将要移回伦敦，而且丘吉尔开辟第二战场的计划不会再拖延很久了。

我决定回那不勒斯，换了我的内衣，然后跟着战争去伦敦。我离开了大山到第 45 师的师部报到。我跟他们说了再见，并要了辆吉普车把我送回那不勒斯。

* * *

师部由一连串帐篷遮盖下的泥洞组成。情报处的帐篷出奇的忙碌，工作人员看着两个中士在行动地图上画出蓝的和红的小方块。但我对此不感兴趣，我只想要一辆吉普车。一个上校把我推到地图前，解释说我们的进攻会从侧翼包围卡西诺并打开进入罗马的通道。我说这很有意思，然后向他要吉普车。这位上校表现得有点受伤，并说我会为现在离开而感到后悔的。我回答说我感到后悔，同时还感到悲伤，更不用提难以置信的肮脏和疲劳了。

那位上校明白了我的意思，于是叫过一个上尉来帮我。上尉看着我，对我嗤之以鼻，然后带我去了他的小帐篷。在那儿他打开一个装满了珍贵物品的军用包，从里面掏出一套新内衣，一件干净的军装，一双鞋子和一瓶苏格兰威士忌。一个勤务兵拿进来三个钢盔的热水。我洗了澡，刮了脸，穿戴整齐，然后他们用威士忌赶走了我最后的一点儿不适。第45师一定非常想让他们的照片登上《生活》杂志。

那天晚上我被送到了第180步兵团的前线指挥所，凌晨4点，我们发起了进攻。

夜间的战斗刚开始时并没什么特别。士兵们一个接一个

卡西诺（Cassino）东北部，潘塔努山（Mount Pantano）附近，1943 年 12 月
摩洛哥第 2 步兵师的一名士兵，这个师大多由来自北非的柏柏尔（Berber）士兵和法国军官组成，他们的行动紧密配合美军

韦纳夫罗（Venafro），卡西诺附近，1943 年 12 月
美军第 45 步兵师后方指挥所附近

卡西诺附近，1943 年 12 月至 1944 年 1 月

卡西诺附近，1944 年 1 月

一个美国士兵（前景）扛着孩子去一个避难所

地拿起装备，用最慢的步伐前进。黑暗里你什么都看不见，你只能听见走在你前面的那个家伙靴子发出的声音。每走一步，你的靴子就变得更重，而且恐惧把你的胃挤压成一个小球。你脸上的汗水和清晨的露水混杂在一起，让你想起从前待过的每一间温暖舒适的房间。

到天亮的时候，你已经准备好欢迎任何一个安全的地方，不管它有多不舒服，而且有一种难以克制的欲望让你想坐在看到的第一块大石头后面抽一支烟。但你不是个懦夫，你走过那块石头，虽然心里清楚过会儿就要后悔。

第一缕阳光的出现宣布了预定进攻时间的到来，炮兵部队准时开始打击敌军目标。射出的炮弹对我们是一种安慰，而且它们也的确可能给德国人带来一些损失，但不幸的是，它们也吵醒了德国人。在山顶上的德国中尉戴上眼镜并拿起野战电话，一个德军的炮兵连在我们的队伍中投了一枚炮弹。而根据我们的情报，这个炮兵连根本不该在我们的战斗区域内。

每个人都扑倒在泥里，停止梦想家庭，停止想象那些不切实际的“如果”，“如果”我们不在这儿，或“如果”德国人不在那儿。现在我们的位置离山顶还有 2000 多码远，待在原地和向前进一样危险。所以每一颗炮弹打来，我们就扑倒在地，接着起来半蹲着前进，直到再次扑倒在地。然后就有人高声叫喊急医务兵，而我们都很肯定自己就会是下一个。

我们到达了最后一个山峰，而山顶就在眼前——只有 500 码远。我们的炮兵部队正在痛击他们，不应该再有任何德国人还活在那遭炮击的山顶。然而当我们站起来作最后的冲刺时，那些理应死掉的德国兵却开始用机枪和迫击炮对我们开火。

这一次我们可摔得厉害；隔了很长时间都没站起来。我们的排长在和营部通话要求更多的火力和增援。与此同时，德国迫击炮正在有系统地对斜坡上的每一寸土地进行轰炸。

我躺在地上，头躲在一块大石头后面，两侧各躺着一个士兵保护着我。每一次爆炸之后，我就抬起头，对着我前面平躺着的士兵和爆炸后漂浮着的缕缕细烟拍上一张。在我的头顶，炮弹正渐渐接近我所在的地坑，我不再抬头。一枚炮弹落在离我 10 码远的地方，另一枚打在我身后的什么地方。我怕得都不敢转头看一看，因为下一枚可能会打得更近。我很小心地用手摸了摸后背，没发现血，只有一块石头和一个爆炸后的弹壳落在我身上。我右侧的中士被一个弹片击中右臂，伤得足以拿一个紫心勋章；我左边的伙计一动不动，他再也不能打开他的圣诞包裹了。现在炮弹落在我们身后很远的地方，我点上了两支烟。那个中士沉重地呼吸着，把急救包递给了我。我帮他包扎好手臂，他看着那伤口说：“新年前我就能回到前线。”

黄昏的时候炮火减弱了，中士和我站起来向前冲。我带着一堆不算特别的照片，一大片背后的淤青以及发抖的膝盖向前冲。德国人还在山顶。我知道我要过很长一段时间才能恢复过来，参加下一次进攻的拍摄。

* * *

那不勒斯并没有改变很多。我们进驻后的三个月，整个城市满是戴着白头盔的精悍的宪兵；“禁止入内”的标记到处都是；供水又恢复了。那不勒斯人一面向美国大兵提供他们的一切，从手表到女儿，一面用从美军那儿偷来的东西做着热闹的生意。应召女郎们在罗马大道上走来走去，头发上沾着 DDT 的粉末。而维苏威火山正上演着它 100 年来最盛大的表演，喷出浓浓的黑烟笼罩着整个城市。

比尔·朗，现在掌管着《时代》和《生活》两本杂志，奇迹般地租到了一幢山顶公寓，带浴室而且还有热水——而我到达后花了一整天泡在浴缸里。接着我把所有底片都寄给了杂志社，我起了个标题叫“这是场艰苦的战争”，并要求老板把我转到伦敦去报道对法国的进攻。两星期后，《生活》杂志来电报告诉我说“艰苦战争”的报道正是他们要的东西，杂志会刊登七页长的报道，而且同意我调去伦敦。

我提交申请给军事部门，并开始打点行装。比尔 · 朗也在他的角落里收拾东西。我拿出给小粉儿买的带蕾丝的丝质睡袍时，他正在收拾过冬用的衬衣和一双新的战靴。当我提到我已经发电报给小粉儿叫她给我们租下伦敦最豪华的公寓时，他一言不发，只是给我看了一个新式的铁锹，用来挖更好的散兵坑。我犹豫了，然后我扔下给小粉儿的轻薄内衣问他到底是怎么回事。

他带我来到窗口，只见那不勒斯港停满了熟悉的登陆艇。作为一个战地记者，错过进攻就好像你在兴格监狱（Sing Sing）服完五年刑后拒绝和艳星拉纳 · 特纳（Lana Turner）约会。我喜欢小粉儿多过喜欢特纳——而且五个月的前线生活足以让人神经紧张，但我还是问道：“我能继续参加这场好戏吗?”

我那天真的朋友惊呆了：“你已经定好了要跟突击队走的。达比中校还等着你和你的装备明天上路呢。”

* * *

我还没弄清楚我们要从哪儿或怎样开始进攻。第 5 军只保留了两个疲惫不堪的师和一个营的突击队。但那时我们还相信上头很清楚他们在干什么，我们认定有隐藏得很好的部队正从北非的各个港口上船，准备好加入我们。我们的战争到现在为止在总体战略上还没有问题，我们中很少有人提出疑问，更没有人回答。

我知道在一艘进攻船上等待的感觉是多么的漫长而又单调乏味，所以我带着一箱西班牙白兰地来到达比中校的指挥所。中校到现在还是不喜欢摄影记者，但他好像不讨厌我——而且认为白兰地正派得上用场。

突击队在过去三周里都待在那不勒斯北部的一个小港口里，等待和准备着进攻，而他们大多数人都无法抵御那些垂涎军粮的意大利女孩的进攻。这是战时亲善之举的好时机；中校也不反对："男人不会恋爱，就不会战斗。"

为了误导敌军间谍和多嘴的女人，小伙子们奉令传播他们要回家的谣言。所以我们出发的那天，有上百的意大利姑娘来送别，提醒她们的朋友别忘了寄给她们签证，并收集着剩余的C号军粮。这是个怪诞的场景：士兵们坐在码头上，让人帮他们擦鞋，左手拿着一包军粮，右手则挽着他们甜心的腰。

到中午时分所有人都上了船，我们起航了。达比把我叫去计划室说我们将在午夜登陆安齐奥海滩（Anzio beach），那儿离那不勒斯只有50英里远。这可不太好：我本来期望这是次长途旅行，因为那箱白兰地在黑市上花了我150美元，而我们不可能在12小时里享受完它，可我又不想站在齐颈的水里，一边登陆，一边在头顶举着一箱白兰地。

比尔·朗和我回到舱位，我们让勤务兵拿个瓶塞起子过来。这位勤务兵是个友好的伦敦佬，他看着我们的白兰地，然后提醒我们这是一艘皇家海军的舰船，而皇家海军可从不会缺酒；事实上，我们可以随意买苏格兰威士忌，只要八先令一瓶。这真是在伤口上撒盐啊。我们要了一瓶苏格兰威士忌，各放了两瓶白兰地在包里，把剩下的分给了船上的士兵。

午夜的时候我们下到冲锋艇上，皇家海军毫不费力地把我们送到离海滩40码的齐腰深的水域。

在水里的时候我们没有碰到任何抵抗，20分钟后来自海岸上的枪声也安静了下来。我们这次进攻绝对出其不意，大多数德国兵连裤子都来不及穿上就被我们俘虏了。我们把指挥所设在一个奢华的赌场的地下室里，我打开包，把自己的湿裤子脱了下来。

我包里的那两瓶西班牙白兰地白天的时候给我造成了那么多精神焦虑，现在它们为受到忽视而开始报复，它们从瓶子里流出来，全倒在了我的替换衣服上。我换下浸透海水的裤子，换上浸透白兰地的裤子，结果浑身都散发着醉人的“酒香”，是真的，但我那天晚上可过得不怎么舒服。早上太阳晒干了我的裤子，我也恢复了精神。德国人不是死了，就是被俘虏了。我们在他们的仓库里找到了意大利蒜味香肠、瑞士奶酪、挪威沙丁鱼、丹麦黄油和慕尼黑啤酒。在安齐奥的最初 24 小时我们对未来充满了希望，这儿离罗马只有 25 英里，我们预计不到两周就能到那儿。但后来才发现，这是我们在这该死的海滩上度过的仅有的 24 个快乐的小时。

公关处征用了一座海滩别墅，我在那儿看到所有的记者都安全而愉快。在等指挥所消息的时间里，我们玩起了扑克。我们能看到外面成群的船只稳稳地入港，卸下士兵和武器。玩扑克的间隙我起身透过窗拍了些照片。安齐奥到目前为止还是我最快乐的任务。

扑克正玩到一半，我们的防空炮火开始发射了。我立刻冲到了窗边，看见 24 架德国轰炸机正从我们别墅的上空飞过，把炸弹扔向那些正在卸载的船只。我调准焦距，拍到了一张一艘货船在 200 码外爆炸的完美照片。

轰炸机飞走了，我回去继续玩扑克，一边说着我刚才拍到了一张多棒的照片。克拉克 · 李不耐烦地指着手里的牌说：

“玩扑克的时候你就不能不说那些行话吗？”

我看了看手里的牌，只有两张5，这可不算好牌。但我讨厌克拉克对我职业的蔑视态度，于是押上了100美元，希望他们没人敢跟。

美联社的唐·怀特黑德看了看他手里的牌，然后看着我的脸：“你这个匈牙利骗子，”他说，“你手里没什么大牌，我押200。”

现在轮到克拉克了，他说：“我不在乎跟不跟风，但我要看看谁在吓唬人。”他也押了，把他所有的钱都推到了桌子中间。

这看上去像是一次可以结束扑克游戏的牌局。我们都跟了注，开始要牌。怀特黑德说他的牌正好，克拉克·李要了一张牌，我要了三张牌，很显然我的两张5没什么机会。我们都已经押上了所有的钱，所以我们就开牌了。怀特黑德是一副顺子，但克拉克·李是一副同花。怀特黑德嘟囔了一下，克拉克把手伸向桌上的钱。

我没特别去看手里的牌，只是把它们一下子都翻了过来。前两张是5；第三张还是一张幸运的5；第四张是一个3；而决定性的第五张牌，又是一张5——四张5。

但这是我在这场战争里赢的最后一局牌。这副牌赢的方式和我们轻松登陆安齐奥一样都是一个错误。

* * *

在安齐奥的第五天，我们得知在很长一段时间里我们都不可能去罗马，就连能守住第一天拿下的这一小块地方都已经很幸运了。德军在人数上超过我们，而且我们的据点没有一寸土地逃得过他们的监视和扔过来的炮弹。

记者们都转移到了新闻别墅的地下室，而且在决定出去冒险之前都考虑再三。我每次坐上吉普车都会把铺盖卷放在两腿之间。我想如果现在——就在我的伦敦假期开始之前——被击中的话，那他们最好把我的头打掉。

派去伦敦的命令还在我的兜里，而且每天我都决定第二天就走。

在这受诅咒的据点没什么新照片可拍，每天都有消息传来说我们最好的士兵在前一晚牺牲了。我们不赌博，我们不喝酒，我们不刮胡子，我们也不发报道，我们就像士兵们一样，只是在等待炮弹或是春天的到来。

2 月底，我收到克里斯的消息。第 9 空运司令部转移到了伦敦，他在那不勒斯为我安排了一架飞机。

我搭乘一艘运送伤员的船离开了安齐奥——我是那一船重伤员中唯一一个没有受伤的人。

卡西诺附近，莫斯科索山谷（Moscoso），1944 年 1 月 4 日
在大山里逃亡

八

飞机起飞后绕那不勒斯飞了一圈。从1000英尺的高空看，这座城市又显露出它的美丽，而且战争开始隐退在远处。我们飞过了萨莱诺，可以看见那些被击沉的战舰的桅杆戳在水面上。从空中看，西西里的新废墟跟2000年前的阿格里真托的遗址并没什么不同。

这些仅仅在六个月前还是封面头条的地方现在都成了卓场，地上都布满了弹坑。重寻我们军队走过的路就像在一部电影完成两周后参观它的拍摄场地——一些道具还在。至于海洋，它可是一个讳莫如深的取景地，因为那里的道具现在都安静地躺在水下。

我们把北非海岸抛在身后，把过去的三场战役放在一边，也不愿谈即将到来的新战役。克里斯和我在讨论我们将如何度过到伦敦后的第一个 24 小时。我预计飞机在中午前到达伦敦。我要在小粉儿为我们租的豪华公寓里给她一个大大的惊喜。在那儿，我坐在浴缸里洗澡，她会为我准备着由新鲜鸡蛋、果酱和吐司组成的早餐。之后，我会穿上深蓝色西装和白衬衫，而她将绾起头发穿上她最好的晚装。我们在布莱斯廷用晚餐，叫上一瓶 1928 年产的克鲁格酒（Krug）。然后我们会去"椰林小道"酒吧，克里斯可以在那儿和我们碰面并可以和小粉儿跳上两支舞。

克里斯听了我的安排后说粉红头一定会有个女伴。我向他保证粉红头有成打的女朋友，他肯定不会有问题。

我们在晚上 7 点到达伦敦。小粉儿为我们租的公寓是贝尔格雷夫广场（Belgrave Square）最好的房子，大堂的黑色公告牌上用白色字体写着房客的名字。底层住的是某个贵族遗孀；某某爵士和某空军元帅占据了第二第三层；西班牙法西斯独裁政府的大使住在第四层，一位医生住在第五层，第六层是一位上校。在所有这些人上面是卡帕和小粉儿的顶层公寓。

克里斯和我乘电梯来到了顶层。我把钥匙塞进锁孔，开门的时候铃响了三下。厅里面空无一人，但有一盏灯亮着，一间房间里传来有人走动的声音。一个挺着大肚子的女子出现在过道里，她很年轻，有着漂亮脸蛋和浅棕色的头发，而她的孩子可能已经过了预产期。

克里斯有点尴尬，“你为什么不告诉我这个？”他问我。

那女子看了看我们两个，然后转向我说：“你一定是卡帕。我是莫娜·克兰，是伊莱恩的朋友。”

“我不是跟你说过，”我对克里斯说，“小粉儿一定有个朋友？”我对莫娜说很高兴见到她。“小粉儿在哪？”我想知道。

她犹豫了一下，“她的阑尾炎来得比你快，”她说，看到我的脸色后她又马上接着说道，“但她现在一切都好。”她解释说小粉儿在过去四周里一直在等我，她把手术的日子一拖再拖。但是昨晚，她的阑尾穿孔了，不得不赶去医院。“她已经可以和我通电话了，”她安抚我说，“但我觉得你最好还是等到明天早上再去看她，她现在不能太激动。”

那一晚我和克里斯在最近的酒吧里度过。晚上，躺在我们那张硕大的路易十四式床上，我睁着眼无法入睡，而克里斯则在我身边愉快地打着呼噜。

第二天一早，我出去买了各式各样的花，捧在手里满满的一大捧，就这样去了医院。一个小护士在小粉儿的病房前接待了我：“我真高兴你到了，帕克先生。你的妻子在麻醉过程中一直在喊你。”

一个苍白的粉红的头在白色的枕头上轻声说道 ："请转过去，我的卡帕。"我转过身对着墙，直到她说"现在"。

那个粉红色的头现在有了眼睛、眼睫毛和嘴唇，房间里充满了琶音香水的味道。她的睫毛膏早就湿润了，"我等得你好辛苦……"她的眼睛很快干了，真正的小粉儿开始说话，"我肚子上的伤口像洛林十字[1]一样——很漂亮，但很快就会消失。"

我终于开始说话，我向她保证我会珍视这个机会。医生走了进来和我握手，称呼我帕克先生。我让他还是叫我的绰号，卡帕。他带我来到走廊里，叮嘱我必须非常小心，因为她的手术已经拖了太久了。我感到非常难受。

医生走后，一位和蔼的女士走进来，走到我面前。"我是伊莱恩的母亲，你这个臭小子。"我们被允许待得久一些，并进行了非常愉快的家庭谈话。

* * *

1944 年 5 月，伦敦正陷入反攻欧洲的狂热。城里到处都是同盟国各国的军服，威士忌在酒吧里都很少见。废墟中唯

1 Croix de Lorraine，两横一竖，两横上短下长。——译注

一的避风港是一个叫“小法国人俱乐部”的地方，这是由一个怀有法国情结的英国知识女性创建的。“自由法国”是盟军里报酬最少，但最爱喝酒的部队，而小法国人俱乐部只收最低的饮料费用。另外，那里还能奇迹般地供应苏格兰威士忌。欧文·肖和比尔·萨罗扬两人都是带着美军二等兵军衔的知识分子，他们令那位女士相信他们对法国怀有强烈的感情，从而被接纳到这个小圈子里。他们抢滩自由法国领地成功的消息很快传到了其他饥渴的知识分子耳中，于是渗透活动开始了。由于我也在寻求同情和苏格兰威士忌，他们建议我试试看加入这个俱乐部。那时美国会员的名额早就满了，但我还是想办法挤了进去，我是以“自由匈牙利人”的身份加入的。

那是我伦敦假期的第二晚。凌晨3点，我回到贝尔格莱维亚区（Belgravian）的豪华公寓。我们的客人，莫娜，还醒着。她的清醒程度让我立刻意识到这幢房子里随时都可能有第二位客人降生。我马上把她送到产科医院，莫娜的状况是如此明显，他们二话没说就接纳了她，而我被送到了未来父亲的等待区域。一个穿着美国军装的未来爸爸在伦敦还很少见，所有忧虑中的英国父亲都暂时忘了他们自己而拥向我，安慰我说一切都会好的。

11 点，一个护士进来宣布：“克兰先生，你现在是个漂亮男孩的父亲了。”

* * *

克里斯刚从英格兰中部回来休 24 小时的短假，第 9 空运司令部就驻扎在那儿。他很喜欢克兰先生的小男孩，然后我们去了小粉儿的医院，他在那儿又很喜欢帕克先生的粉红姑娘。晚上我带他去小法国人俱乐部，他在那儿成了一个出色的说书人，向大家讲了帕克先生和克兰先生的故事，把我描述成了《化身博士》里的杰基尔医生和海德先生——由阿博特和科斯特洛扮演。第二天，那些在国外的美国人为了表示他们对这个故事的欣赏，把莫娜和小粉儿的病房塞满了鲜花和可兑换的军队配给——当然还有源源不断的慰问者。

* * *

反攻的谣传和重要人物到访的消息每天都在增加。欧内斯特 · 海明威，躲在一把棕灰色胡子后面也来了，他是最后一批加入小法国人俱乐部中的一个。他的眼睛因受伤而导致视力不好，但我还是很高兴见到他。我们的友情要从很远的好日子算起，我们最初认识是在 1937 年的西班牙，我们都属于拥护共和政府的阵营，那时我还是个自由摄影师，而他是个非常出名的作家。他的绰号叫“老爹”，而我也很快就认他做干爸爸。在那段时期，他很多次履行了父亲的责任，现在他很高兴看到他的干儿子并不缺现金。为了证明我对他的热爱和现在的富足，我决定在我那没什么用但很贵的公寓给他开一个派对。

我把这主意跟小粉儿说了，她同意了，但条件是我要利用这个机会帮她偷带一点儿香槟进来。她透露在她的衣柜里藏着 10 瓶苏格兰威士忌和 8 瓶杜松子酒，这些都是她在我离开的 10 个月里用她的酒类配给一点一点存下来的。

苏格兰威士忌和杜松子酒都是根据民法严格配给的，但白兰地和香槟很容易买到，30 块一瓶。到开派对的那天，我买了一个金鱼缸，一箱香槟，一些白兰地，还有半打新鲜桃子。我把桃子浸在白兰地里，再把香槟浇在上面，一切准备就绪。

免费烈酒和海明威先生的魅力被证明是无法抵御的，所有为了反攻欧洲大陆而来到伦敦的人都来了，他们喝苏格兰威士忌，也喝香槟，还有白兰地和杜松子酒。

我的特别嘉宾坐在一个角落里和我的一个医生朋友谈论

伦敦，1944 年 5 月
海明威在医院中养伤

着良性肿瘤和须疮，而正是后者让他不得不留起了胡子。

凌晨4点，我们已经吃到了桃子，酒瓶空了，金鱼缸也喝干了，客人们开始慢慢散去。那个医生提出可以开车带海明威回酒店。我吃了桃子，然后上床睡觉。

早上7点，电话响了。是医院打来的，他们说有一位海明威先生出了点事，让我马上到急诊室去一趟。在那儿的手术台上，我看到了215磅重的“老爹”，他的头撞开了口子，胡子上满是鲜血。医生们正准备给他上麻醉来缝合他的头。“老爹”很有礼貌地感谢了我的派对，并要我去照看那位医生朋友，他开车撞进了一个水箱，一定也伤得很重。同时我得通知“老爹”在美国的孩子们，叫他们不要去管报纸上说什么，爸爸伤得并不重。缝了48针之后，“老爹”的头看上去比新的还好。

在急诊室里，人们听到我叫他“老爹”，于是我就成了卡帕·海明威先生。

* * *

现在到了5月底。英格兰的太阳很热，进攻一拖再拖，医院也已经不好玩了。我爱小粉儿，但我现在想要回到战争中去，等我再回来的时候，她可以在车站等我。我痛恨去医院，我也痛恨总在一个城市里打转，而她却被鲜花和护士关着禁闭。小粉儿比我更痛恨这一切。

最后，她终于被医院释放了，条件是她要在一所疗养院里待上至少两星期。那个疗养院位于阿斯科特（Ascot），距伦敦 30 英里，由圣玛丽会的修女们管理。

我扶着小粉儿坐进那辆租来的车子，叫司机去阿斯科特。“贝尔格雷夫广场 26 号，”小粉儿说道。我重复了一遍：“请去阿斯科特。”小粉儿说：“你没有权力……这是我的肚子。”这是她的肚子，但由不得她来选。

离开了伦敦后，田地一片翠绿，我们撞上了春天。“只要两个星期，”我说。

“我一天都不会原谅你。”

修女们很和蔼，她的房间很舒服，从窗口看出去的风景也很漂亮。但我必须回伦敦去了。

小法国俱乐部很没劲，贝尔格雷夫简直恐怖，我一点儿都不开心。我最后一次去疗养院，看见小粉儿在花园里散步，她的裙子又和她的腰配上了，她的腿看上去很漂亮，除了走起来有点儿趺趺撞撞，到后天她就可以回家了。我们一起走回她的房间，一位修女给我们上了茶。喝茶时我告诉她一瓶最好的香槟已经冰在冰箱里。修女回来拿托盘，对我说探访时间已经到了。我穿着军装，而小粉儿桌子上的报纸写着：希特勒说周日进攻。修女拿起托盘，走向房门。她头也不回地说：“如果天黑以后再离开，没人会注意到你。”

* * *

几百名战地记者中，只有几十个被选中跟随首批进攻部队。他们中有四个摄影记者，我是其中之一。

公关处给我们这些被选中的少数人开了个会，通知从现在开始我们的装备必须时刻打好包，每一次离开自己公寓的时间都不能超过一小时。

我不可能再去阿斯科特了。

我要的东西都有了，但我还是决定为进攻作一次小小的采购。我在博柏利（Burberrys）买了英军专用雨衣，在登喜路（Dunhill）买了一个银质随身酒壶。我准备好了。

小粉儿要回来的那一天早上，一位公关处的少尉把我叫醒，说他会帮我拿装备。我不准对任何人说什么，也不准留条子。但我的租期到了，他让我在一张空白支票上签上名，把它压在梳妆台上的一瓶琶音香水下面。我觉得小粉儿会理解的。

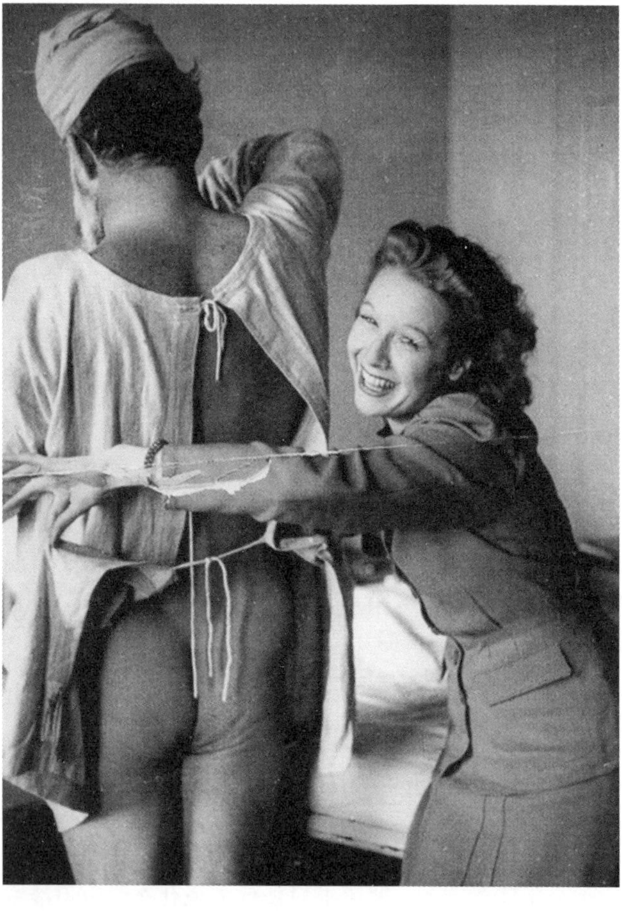

伦敦，1944 年 5 月
小粉儿掀开海明威的睡袍

九

1944 年夏

一年一度，通常在 4 月的某天，每一个本分的犹太家庭都要庆祝逾越节（Passover），这是犹太人的感恩节。逾越节的庆祝活动沿着著名的感恩节路线前进，两者唯一的不同在于逾越节大餐包括各类美食，还有火鸡，旧世界的孩子们比新世界的孩子们更容易吃到恶心。

当晚餐不可挽回地结束时，父亲会松开皮带，点上一支五厘米长的雪茄。当此重要时刻，最小的儿子——我曾经担当此任多年——要走上前用庄严的希伯来语问父亲。他问道：“今天与其他日子有什么不同？”然后父亲开始热情而有兴味地讲起故事，几千年前的埃及，毁灭天使是如何放过了上帝子民的初生子，之后摩西又是如何带领他们足不沾水地穿越红海。

1944 年 6 月 6 日，一群基督徒和犹太人穿越英吉利海峡，将他们湿透的脚踩上了诺曼底那片叫做“简易红”(Easy Red) 的沙滩。他们应该——一年一度，就在那个日子——拥有一个“穿越节”(Crossover Day)。他们的孩子，在吃完一罐 C 号军粮后，会问他们的父亲 :“今天和其他日子有什么不同？”而我要讲的故事可能是这样的 :

所有命中注定要在那个法国海滩度过春天的人都首先集合在英格兰东南海岸巨大的军营里。这些军营周围围着带倒刺的铁丝网，只要你一进门，你就已经走在穿越英吉利海峡的路上了。

在军营里，我们为即将开始的旅程做着准备。我们必须把我们合法的美元和英镑纸币换成印在薄纸上的法郎。我们收到一张列着上百种物品的单子，都是 1944 年夏天那些海滩上穿着讲究的游客们可能会穿戴的。另外，我们还得到一本小册子告诉我们如何同当地人对话及处理关系。在法语里有一些有用的表达方式 :“Bonjour, monsieur, nous sommes les amis améicains.” 这是同男人讲话时用的 ;“Bonjour, mademoiselle, voulez-vous faire une promenade avec moi?”[1] 这是碰到姑娘时用的。第一句的意思是“先生，我们是朋友（别开枪）”，而另一句则可以代表任何意思。

书里还有许多其他内容建议我们如何同另外一些当地的外国人打交道，这些人——出于某种原因——我们会在海滩上遇到不少。这些内容包括简单的德语短句如“只要无条件投降，可以保证提供雪茄、热水澡及各种舒适待遇”。说实话，读这本书让人觉得前景一片美好。

我们的每件衣服都必须防毒气，防水，还要根据将要登陆的地貌的颜色画上迷彩。经过这样的准备，我们已经一切就绪，等待叫做“D”的那一天。

我们都很害怕一种叫做“水陆两栖”的怪病。加入水陆两栖部队对我们来说只意味着一件事：那就是在痛苦地出现在海滩上之前我们必须先痛苦地待在水里，没有例外。唯一既是水陆两栖又很开心的东西叫做鳄鱼。“水陆两栖”的痛苦有不同的程度，那些安排在第一批到达海滩的人程度最深。

---

1 “*Bonjour, mademoiselle, voulez-vous faire une promenade avec moi?*”，这句话的字面意思是：“您好，小姐，您可以同我散个步吗？”

——编者

* * *

韦茅斯（Weymouth）港口正赶上了好时光。战舰、兵船、货船和冲锋艇都混杂在一起，在它们的上空漂浮着由几百个像银色小飞艇似的气球组成的防空气球阻拦网。那些即将去法国旅游的士兵们正躺在舰船甲板上晒日光浴，懒散地看着那些巨型玩具升上天空。对于乐观主义者来说，这儿的每样东西看上去都像是一件新式秘密武器，特别是从远处看。

我所在的船是美国海军的“钱斯”号（U.S.S. Samuel Chase），船上的人分成三类：计划者、赌徒，以及写最后家书的人。赌徒们都在上层船舱，簇拥在一对小骰子周围，往地毯上扔出上千美金；那些写最后的家书者躲在角落里，在纸上写下美丽的句子，把心爱的手枪留给弟弟们，现金全给家里；而计划者们都在船舱底层的健身房里，躺在一张橡皮毯周围，上面放着法国海岸的每幢房子、每棵树的模型。连排长们在橡皮村庄中找出一条路来，在橡皮树后面和地上的橡皮壕沟里寻找掩护。

我们还有每艘船的模型，墙的较低处标着特定区域和海滩的名字：“福克斯·格林”“简易红”以及其他，都是奥马哈滩（Omaha）的一部分。海军指挥官和他的参谋们也加入了健身房，他们推着那些小船让它们抵达墙上画的海滩。他们推得非常专业。说实话，我看这些挂满勋章的绅士们在木板上演示的次数越多，对未来的信心就越足。

我注意健身房里的进程并非完全出于礼貌。“钱斯”号是一艘母船，它带着许多登陆艇，这些登陆艇将在离法国海岸10英里处放出。我将必须做出决定，坐上其中一艘，然后在海岸上找一棵橡皮树藏起来。这就好像在比赛开始前10分钟看着那些赛马，5分钟后就必须下注了。

一方面，B连的目标看上去很有意思，而且跟着他们好像也比较安全。但另一方面，我跟E连很熟，在西西里我跟着他们拍到的故事是我在这场战争中最好的报道。正当我为在B连和E连中选哪一个而犹豫不决时，第1师第16步兵团进攻部队的指挥官泰勒上校向我透露团部将紧跟在第一批步兵后面。如果我跟着他，就不会错过战斗，而且我这样也更安全一点儿。这听上去像是个真正的优待——一个双倍钱数的赌注——一赔二赌我到晚上还活着。

如果此时我的儿子打断我，问：“战地记者和其他穿军装的人有什么不同？”我会说战地记者能得到更多美酒、更多姑娘、更好的报酬，以及比士兵更多的自由。但在游戏的这个阶段，能够自由选择进攻地点，并被允许做一个懦夫且不

美国海岸警卫队运输舰“塞缪尔·钱斯”号，从英国韦茅斯港起航

1944 年 6 月 1 日—5 日

军官们研究反攻日登陆的细节，用模型来代表了一块代号为“奥马哈”的诺曼底海滩

被处决，这是对战地记者的折磨。战地记者的赌注——他的生命——就在他自己手里，他可以把它押在这匹马或那匹马上，也可以在最后一刻把赌注放回口袋。

我是个赌徒。所以我决定跟随 E 连在第一批冲上去。

一旦决定了跟随第一批进攻部队，我就开始让自己相信这次进攻将是一次唾手可得的胜利，而那些所谓的“不可穿越的西线”只不过是德国人的宣传。我走到甲板上好好看了一眼正在消失的英国海岸线。那个渐离渐远的岛屿散发出暗绿色的光芒，瞬间击中我内心的柔软之处，于是我也加入了写信者的队伍。我把滑雪靴留给了弟弟，母亲可以邀请某个英国人和她一起住，但这想法让我觉得恶心，因此我把它折起来，塞在了前胸的口袋里，从没寄出过它。

现在我加入了第三种人。凌晨 2 点，船上的扩音器打断了我们的扑克。我们把钱装进防水的钱袋里，扩音器正残酷地提醒我们“那件事”即将开始了。

他们帮我搞了个防毒面具，一副可充气的救生圈，一把铁锹，以及一些其他的装备，我把那件非常昂贵的博柏利雨衣卷搭在手臂上。我是最优雅的入侵者。

* * *

进攻前的早餐于凌晨 3 点开始供应。“钱斯”号的炊事兵小伙子穿着一尘不染的白色制服，以一种不同寻常的热情和礼貌为我们提供热蛋糕、香肠、鸡蛋和咖啡。但我们进攻前的胃口都被其他事情占据了，所以大多数美食都留在了盘子里。

凌晨 4 点，我们在甲板上集合。登陆艇在升降机上摇摆，准备好下放到水里。2000 个人站在一片绝对的寂静里，等待着第一抹阳光；不管他们在想什么，这都像是某种祈祷。

我也安静地站着，脑子里想着各种东西：绿色的田野，粉色的云彩，吃草的羊群，所有的好时光，想得最多的是拍到今天最好的照片。我们没有人感到不耐烦，我们不会介意在黑暗里站很长时间。但太阳不知道今天与其他日子的不同，依然照常升起。第一批士兵摸索着登上登陆艇，然后，就像乘慢速电梯一样，我们降到海上。海浪汹涌，登陆艇还没离开母船我们就已经被打湿了。很显然，艾森豪威尔将军将不会带领他的部队干着脚，或者干着其他部位穿越英吉利海峡。

不一会儿，人们开始呕吐。但这次进攻准备得非常充分，船上准备好了小纸袋给呕吐的人使用。不久呕吐的情况就少了下去。我有种感觉，今天会成为以后所有 D 日的 D 日。

诺曼底的海岸离我们还有几英里远的时候，我们听到一记明白无误的钝响。我们忽地弯下身躲在登陆艇的底部，不再看正在靠近的海岸线。第一艘登陆艇已经把士兵载到了海滩，现在正经过我们的船，开回“钱斯”号，那个黑人水手长给我们一个快乐的笑脸，并打出胜利的V型手势。现在的气氛很轻松，可以开始拍照了。我把我的康泰时照相机从防水油布里拿出来。我们登陆艇的平底碰上了法国的土地，水手长放下登陆艇前部的铁挡板。在那些从水里戳出来的奇形怪状的铁制鹿砦中间，是一线被烟雾笼罩的土地——那就是我们的欧洲，“简易红”海滩。

我美丽的法国看上去色彩暗淡而令人生厌，再加上一架德国机枪对着登陆艇狂扫子弹，彻底毁了我的回归。我们登陆艇上的士兵蹚着水前进，他们站在齐腰深的海水里，手持上膛的步枪，背景是反登陆障碍物和冒烟的海滩——这一切对摄影师而言都足够好了。我在跳板上停了片刻，准备拍摄我关于进攻的第一张真正的照片。水手长急着想赶快离开这里，他错把我要拍照的企图当成了犹豫不前，就瞄准我的背后踹了一脚帮我做了决定。水很冷，海滩还有100多码远。子弹在我周围的水里打出一串洞，我冲向最近的障碍物。一个士兵和我同时到那儿，我们一起躲在了那后面。他撕掉步枪上的

登陆诺曼底奥马哈滩，1944 年 6 月 6 日
反攻日的早上，美军跨进登陆艇，驶向滩头阵地

防水油布，不做太多瞄准就对着烟雾中的海滩开始射击，而步枪的射击声给了他足够的勇气继续前进，他把那障碍留给了我。现在我的地盘空出了一英尺，我感到可以安全拍摄那些和我一样躲着的士兵们。

天还很早，光线也很灰暗，不是很适合拍出好照片，但灰色的水面和灰色的天空反衬出人们在希特勒智囊团设计的超现实主义障碍物中东躲西藏，效果非常好。

我拍完了照片，裤子里的海水冰凉。我不太情愿地试图离开我的反登陆障碍物，但每一次都被子弹逼了回来。在我前面 50 码的地方，我们的一辆还未完全烧着的两栖坦克矗在水中，正好给我提供了下一个掩护。我估摸了一下现在的情况，手臂上那件优雅的雨衣沉了些，在将来也没什么用处，于是我扔下它向坦克冲去。我在漂浮的尸体中冲到了它旁边，停下又拍了一些照片，然后壮起胆子向海滩作最后的冲刺。

现在德国人搬出了全副家当，离海滩的最后 25 码被子弹和炮弹封锁得密不透风。我只能留在坦克后面，不断重复以前西班牙内战时期的一句话："Es una cosa muy seria. Es una cosa muy seria（这是一项非常严肃的事业）。"

此时海潮涨了起来，现在水已经漫到我胸前口袋里的家书了。在最后两个伙计的肉体掩护下，我终于到达了海滩。

诺曼底海岸，1944 年 6 月 6 日
在反攻日第一批登陆的美军士兵

奥马哈滩，1944 年 6 月 6 日

奥马哈滩，1944 年 6 月 6 日

我扑倒在地，嘴唇碰到了法国的土地，不过我可没有想亲它。

德国人还有足够的弹药，而我热切地希望自己现在能躲到地底下过会儿再出来。但是相反的机会却越来越大。我把头侧向一边，发现自己和昨晚一起玩扑克的一位中尉正脸对脸。他问我知道他看见了什么，我说不知道，而且我觉得有我的头挡在眼前他也看不见什么。“让我告诉你我看见了什么，”他轻声说，“我看见我妈站在门廊上，手里挥着我的保险单。”

* * *

滨海圣洛朗（St. Laurent-sur-Mer）过去曾是个供法国教师度假的单调、廉价的度假胜地。现在，1944 年 6 月 6 日，它是世界上最丑陋的海滩。我们被海水和恐惧折腾得筋疲力尽，平躺在大海和带刺的铁丝网之间的一小块湿地上。海滩的倾斜角度给我们提供了某种掩护，只要我们平躺着，机枪和步枪的子弹就打不到我们，但海潮却把我们推向铁丝网，而德军的机枪就在那儿等着。我爬向我的朋友拉里，他是我们团的爱尔兰随军牧师，比任何外行都更会对《圣经》宣誓。他对我吼道：“你这该死的半个法国佬！如果你不喜欢这儿，干吗还要回来？”受到了宗教的安慰，我拿出第二架康泰时，开始头也不抬地拍照。

从空中往下看，“简易红”一定像罐打开的沙丁鱼罐头。从一条沙丁鱼的角度来拍摄，我的照片的前景充满了湿的靴子和涨绿的脸。靴子和脸的上面弥漫着榴霰弹的浓烟；烧坏的坦克和沉没的登陆艇构成了照片的背景。拉里有一根儿没打湿的烟。我从屁股口袋里拿出我的银酒壶递给拉里，他把头扭向一边从嘴角喝了一口，把酒壶还给我之前，他把它递给了我的另一个伙计，那个犹太医务兵，他成功地模仿了拉里的喝酒技术。同样，我的嘴角对我也很管用。

接下来的迫击炮弹打在铁丝网和大海之间，它的每一个弹片都能找到一具尸体。我们的爱尔兰牧师和犹太医生是第一批从“简易红”海滩上站立起来的人，我也拍了照。下一发炮弹打得更近了，我不敢把眼睛从康泰时的取景器上移开，只顾疯狂地一张接一张地拍摄。半分钟之后，我的照相机卡住了——胶卷用完了。我到包里去拿新的胶卷，还没等把胶卷放进照相机里，我潮湿、颤抖的双手已经把胶卷弄坏了。

我停了一会儿……接着我就感觉很差。空相机在我手中颤抖。一种新的恐惧从脚趾到发尖震颤着我的身体，扭曲着我的脸。我解下身上的铁锹想要挖一个洞，铁锹击中沙下面的石头，我把它一把扔掉。我身边的人们一动不动地躺着。

只有海岸线上的死尸随着潮水翻腾着。一艘步兵登陆艇面对着炮火而来，头盔上印着红十字的医务兵从船上涌出。我什么也没想，也没做什么决定，只是站起来向那艘船奔去。我跨进海水里，在两具尸体之间，海水漫到了我的脖子。汹涌的潮水打在我身上，每一个浪头都刮在我头盔下的脸上。我把照相机高举过头，突然间我意识到我在逃跑。我想回头但却无法面对海滩，我对自己说："我只是到船上去擦干净手。"

我奔到了船边，最后一批医务兵正从船里出来。我爬上了船，到甲板上的时候吓了一跳，周围到处是羽毛。我想："这是怎么回事？有人在杀鸡？"然后我看见船的上层结构都被炸掉了，那些羽毛是被炸死的士兵身上穿的木丝棉夹克里的填充物。船长在哭，他的大副被炸死了，血溅得他浑身上下一团糟。

我们的船正在倾斜，于是我们慢慢驶离了海滩，试图在沉没之前到达母船。我走到轮机房，擦干手，往两个照相机里都装上新胶卷。我再次走上甲板，及时给被烟雾笼罩的海滩拍了最后一张照片，然后又给在甲板上输血的船员拍了一些照片。一艘登陆艇开到我们边上，把我们从这艘沉船上接下来。在汹涌的海上转移重伤员是件难事，我不再拍照，开始忙着抬担架。那艘登陆艇把我们送到了"钱斯"号上，就是我六小时前离开的那艘船。“钱斯”号上，第 16 步兵师的最后一批士兵被放到水里，但甲板上早就满是回来的伤员和尸体。

这是我回到海滩最后的机会，但我没有回去。凌晨 3 点穿着白制服、戴着白手套给我们提供咖啡的炊事兵现在满身是血，正忙着把死者缝进白色的粗布袋里。水兵们正在从旁边正要沉没的登陆艇上举起担架。我开始拍照，接着眼前的事物开始变得模糊起来……

* * *

我在铺位上醒来，赤裸的身体上盖着一条粗毯子，脖子上挂着一张纸片，上面写着：“疲劳病例。没有身份识别牌。”相机包放在桌上，我想起我是谁了。

第二个床铺上躺着另一个裸体的年轻人，双眼盯着天花板。他脖子上的纸片只写着“疲劳病例”。他说：“我是个懦夫。”他是在第一批步兵之前出击的 10 辆水陆两栖坦克中唯一的幸存者，所有这些坦克都沉到了海里。他说他本该留在海滩上的。我告诉他我本来也应该留在海滩上的。

发动机隆隆响着；我们的船正在回英国的路上。整个晚上那个坦克兵和我都敲打着胸口，坚持说对方是没错的，唯一的懦夫就是自己。

＊＊＊

早上我们停靠进韦茅斯港。20多个未被允许随军出发，充满渴望的记者在码头上等着我们，想要从那些到过滩头阵地的士兵那里拿到第一手的个人经历。我听说另外那个被分配到奥马哈滩的摄影记者在两小时前回来了，他从没离开过他的船，从没到过海滩。他现在正在回伦敦的路上，带着他了不起的独家报道。

我被当成了英雄，受到邀请坐飞机回伦敦去广播我的战地经历。但我对那一晚仍然记忆犹新，我拒绝了这邀请。我把胶卷放进新闻包，换了衣服，几小时后乘坐第一艘去海滩的船回到了那里。

七天后，我得知我在“简易红”拍摄的照片是关于这场进攻最好的报道。但在伦敦办公室看到这些照片之前，那个激动的暗房助手在烘干底片的时候过度加热，致使感光乳剂熔化而损坏了底片。总共106张底片里，只有8张被救了回来。在这些受热而模糊的照片底下配的文字说明写道：卡帕的手抖得厉害。

奥马哈滩，1944 年 6 月 6 日
抢救第一批登陆伤员的医疗艇

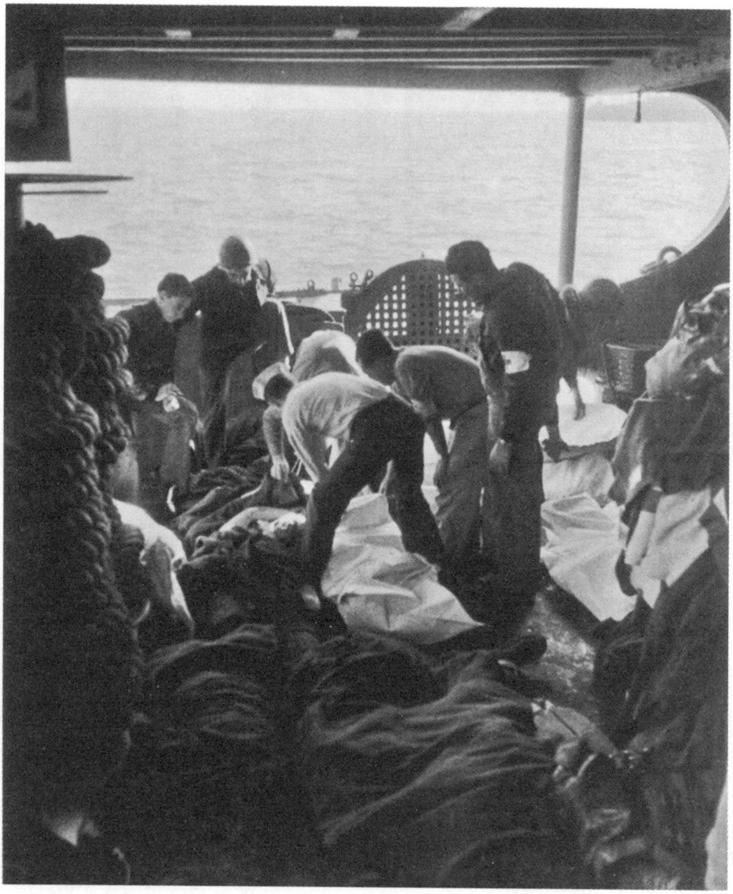

奥马哈滩，美国海军“亨里柯”号（USS Henrico）上，1944 年 6 月 6 日在第一批登陆中阵亡的士兵遗体

十

那晚回到海滩，我在诺曼底的一个农场的谷仓里找到了我的同事们，他们在那儿建起了在法国的第一个媒体营。围着几支烧了一半的蜡烛，他们蹲在稻草上，喝着一种装在一个加仑桶里的黄色液体，把一台关上的打字机当成桌了。

这是D日后的第二天，我们喝的饮料是一种诺曼底苹果酒，叫做卡尔瓦多斯（Calvados）。而这个派对是为了纪念我而举办的法国式祭奠活动。有一位中士报告说看见我的尸体漂浮在海上，照相机挂在脖子上。在失踪48小时之后，我的死亡成为官方消息，审查机关刚刚发布了我的讣告。所以现在，我那饥渴的灵魂突然回复肉身让我的朋友们为他们浪费的伤感而感到恶心，于是他们就推荐我喝了卡尔瓦多斯。

奥马哈滩，1944 年 6 月

几个法国渔民看着反攻日登陆行动中阵亡士兵的遗体。天空中可以看见防空气球飘浮在登陆区域上空，它们用来迷惑敌军飞机并阻止其低飞

***

我们的据点太小，无法容纳20万名带着卡尔瓦多斯的入侵者。到我们准备进攻瑟堡（Cherbourg）之前，这种酒的价格已经翻了四倍。瑟堡是个重要的港口；而且，所有的情报都提到德国要塞里有一个装满法国美酒的储备仓，这些酒都是纳粹国防军征用的。不幸的是，情报同样提到那里还有各种口径的火炮。

我加入了第9步兵师参与进攻。第9师是我们最好的战队之一，而且它的师长，埃迪少将（Manton Eddy）是个冲劲十足的战士。德国人在他们准备充足的要塞里守得很顽强，但还没顽强到战斗至最后一个士兵——他们的顽强到第一个美军士兵进入到足够威胁他们的距离时就崩溃了。然后他们举起双手，叫着“Kamerad”[1]并讨要香烟。我们的军队拿出一包又一包的烟。我的精神又回来了，拍了许多近距离的战斗场面。

对瑟堡发起最后进攻的那天早上，我加入了47团的一个

1 Kamerad，德语“伙伴，朋友”的意思，德国士兵投降时常会说这个词。——编者

奥马哈滩，1944 年 6 月
反攻日几天后的滩头阵地

营。和我在一起的是厄尼·派尔和我尊敬的老板，查尔斯·沃滕贝克（Charles Wertenbaker），他是《时代》和《生活》欧洲分部的头。我们觉得第 47 团最有可能第一个到达城中，虽然受够了敌军的射击，但内心饥渴的进攻欲望却让我们谁都不愿后退。进入最初的几条街时正下着倾盆大雨，德国人从窗口后面狙击我们，我们紧靠着墙从一扇门跳到下一扇门寻找掩护。

查尔斯说他太老了，玩不动这种印第安人的穿越游戏；厄尼说他也太老而且太害怕了；我说我太年轻，另外，我也没法在雨里拍照。

我们才不在乎成为进入瑟堡的第一批记者，但我们想着那个装满酒的仓库。所以我们继续前进，掩在队伍的尾巴后面。

我们到达了第一个目标：瑟堡军事医院。大约 250 名受伤的第 82 空降师的俘虏得到了解放——同样得到解放的还有地下室里上好的法国美酒。厄尼去和战俘们聊天，查尔斯采访了德国医生，而我去了酒窖。但显然去晚了，第 47 步兵团的每个士兵的手里、上衣里、口袋里都鼓鼓囊囊地装满了上好的酒。我求他们中的一个分给我一瓶，但他笑着说："除非你是厄尼·派尔。"到下一个士兵，我用了不同的请求，我说我要一瓶酒给厄尼·派尔，他很情愿地分给我一瓶。不一会儿

奥马哈滩附近，1944 年 6 月
被美军俘虏的德国士兵在掩埋部分反攻日阵亡士兵的遗体

奥马哈滩，1944 年 6 月
一名被美军俘虏的德国士兵

诺曼底，1944 年 6 月
一名德国将军向美军军官投降

诺曼底滩头阵地，1944 年 6 月
布拉德利将军（Omar N. Bradley）的鼻头长了个小疖子

我就收集到一堆本尼迪克特甜酒和白兰地的战利品。查尔斯和厄尼都没有提出过一句异议。

与此同时，埃迪将军也得到了他的战利品：瑟堡的德军司令，冯施利本将军（von Schlieben）。他是我们俘虏的第一个高级将领，我非常想给他拍照。但他转过身背向我，拒绝摆姿势，并用德语告诉他的助手他烦透了美国式的新闻自由。同样用德语，我回答道："我也烦透了给战败的德国将军拍照。"他被激怒了，猛然回头对着我，我马上揿下了快门。这照片好得不能再好了。

* * *

突破到圣洛（St-Lô）时，我们的第1军已经撕开了德军的防线，而巴顿将军重装机动第3集团军也度过了海滩的难关。我加入了巴顿快速行进的第4装甲师，跟着他们沿着海岸开往布列塔尼（Brittany）。路两边，快乐的法国人欢呼着"Bonne Chance（好运，一切顺利）!"而那些同样快乐的路标写着："90英里……80英里……到巴黎。"

我们经过的第一批城镇都遭受过严重的空袭。我们的空军为了切断撤退德军间的联系，把它们炸成了废墟。在这些

法国，圣索沃尔–勒维孔特（Saint-Sauveur-le-Vicomte），1944 年 6 月 19 日
美军第 82 空降师

法国，圣洛西南，1944 年 7 月 26—30 日
美军第 2 装甲师

城镇里，法国人只表现出一半的高兴，另一半则在抱怨如果我们能给法国地下抵抗组织提供更多武器，而不是轰炸无辜的法国城镇的话，我们就能杀死更多德军和更少的法国人，也能更好地完成我们的任务。

海岸小镇布雷哈尔（Bréhal）是我们到达的第一个没有经受战争摧残的小镇。德军已经逃走，对我们的欢迎活动开始了。这里的法国人百分之百地高兴，他们提供的食物可口，而且酒吧里的第一杯酒都是免费的。

“法国抵抗组织”在这个小镇很强大，表现得也很好，年轻男女们肩扛着步枪拥来听候我们的调遣。他们的集合地点是珀蒂酒店，我也在那儿建立了我私人的司令部，度过了一晚。

酒店老板自己就是抵抗组织的成员。他说他在过去躲了起来并为这个时刻藏下了他最后一瓶最好的香槟酒。他邀请了抵抗组织里两个年轻漂亮的姑娘，我们打开了酒瓶好好庆祝。第 1 步兵师的一位年轻少校，保尔 · 盖尔，突然出现了。他在这一区并没有公事，只是因为私人探访才来到这里。我过去就认识他，于是他也加入了我们的派对。我们的香槟很快就喝光了，但老板想起他还有最后一瓶。事实上，我们那晚喝了许多瓶最后一瓶。盖尔教那两个抵抗组织的姑娘跳吉特巴舞，而她们教他基本的法国舞步。

法国，加夫赖（Gavray），1944 年 8 月 1 日前后
法国平民返回被解放的城镇

法国，诺特雷–当德瑟尼利（Notre-Dame-de-Cenilly），1944 年 7 月 28 日
一个法国农民给装甲车上的美军士兵送上苹果酒

法国，沙特尔（Chartres）附近，1944 年 8 月前后

法国，诺曼底，1944 年 6—7 月
一名美军宪兵在搜查一个被捕的德国党卫军军官

法国，诺曼底，1944 年 6—7 月
美军牧师与死去的德国士兵

法国，阿朗松（Alençon），1944 年 8 月 12 日
欢迎盟军

到午夜的时候，老板开始有点困倦，姑娘们背上枪说她们得赶回家，爸爸很严厉，会打她们的。盖尔少校也走了，因为他开始担心他的将军可能会想念他。

我也睡了。正睡到一半，房门被人敲得砰砰直震，接着盖尔那忠诚的胖司机冲了进来。他衣衫褴褛，浑身是血，上气不接下气，激动得话都说不清楚。费了好一阵工夫，我才明白他的意思。那位少校离开派对之后情绪高涨，不想直接回师部，而是觉得至少应该去解放一座法国城镇。格兰维尔（Granville）就是这样一个大小合适的法国小镇，而且离这里只有 12 英里，看起来很有希望。所以他和他的司机，完全单独行动，冲进了格兰维尔和德军交起火来。但他们发现了比意料中更多的德军。盖尔说他借着黑夜拖住德军，让司机回来搬救兵。那司机求我快一点儿，否则就再也见不到他的少校了。

我连忙赶到第 4 装甲师。他们说盖尔就算能活下来也要受军事法庭审判，而且第 4 装甲师得到命令绕过格兰维尔。但他们最后还是给了我 3 辆装甲巡逻车，我们在黎明刚过的时候到了格兰维尔，却发现整个城镇都处在一种狂欢庆祝的气氛里。三色旗和星条旗一起飘扬在市镇厅上，盖尔被一群"法国内地军"（FFI）的战士抬在肩上。他们身后的人群高唱着马赛曲，而那些亲德军的姑娘们被圈了起来，给她们剃光头的行动已经开始了。

整个事件的转折让人惊叹，但盖尔只用了几句话就解释了这一切。晚上的时候，正当他在和德军互相射击时，一个大胡子的小个子拿着一杆老枪加入了战斗，并带他躲到了“法国内地军”那儿。盖尔指挥他们进行反击，他指派那个大胡子做部队的长官。盖尔发誓说他的小个子朋友打起仗来像是一头雄狮。他们总共消灭了17名德军，俘虏了150人。

欢庆活动到正午的时候渐渐结束。盖尔具有骑士风度地吻了大胡子的两颊，并和昨晚的战士们道别。我们又累又饿，于是盖尔、司机和我开始寻找一家像样的饭店。格兰维尔所有的居民都向我们推荐富丽酒店。我找到那儿，看上去的确不错，餐厅里一尘不染，桌椅也摆放整齐。一个穿着最严肃的黑衣的大个子女士坐在吧台后面，身边放满了各种开胃酒。她对我们投来怀疑的目光，让我们坐下后，她叫来了老板。老板围着洁白的围裙，顶着一顶超高的厨师帽。他是个小个子，有一把大胡子，原来他就是和盖尔一起战斗的英雄。他给我们拿来菜单，瞥了眼那女士，粗声问道：“你说该由谁来付账？”

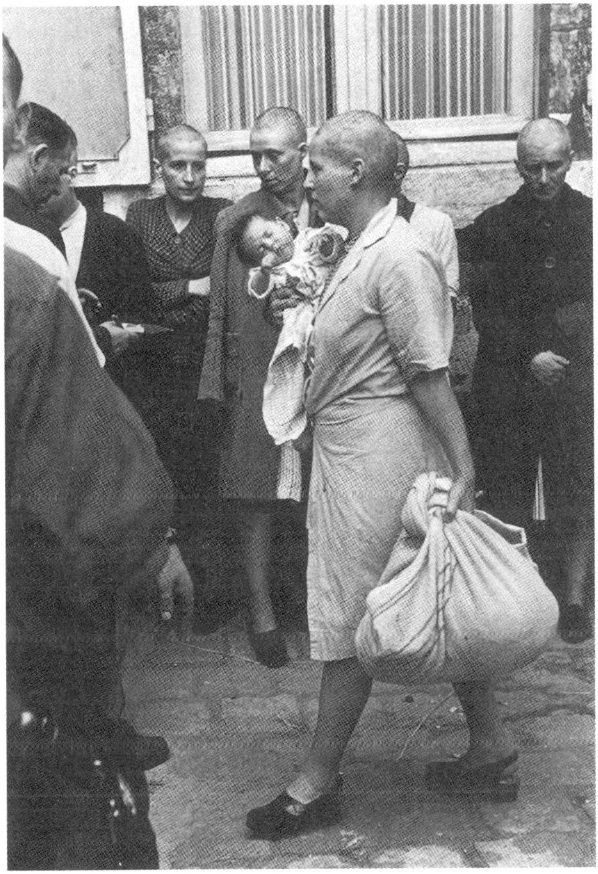

法国，沙特尔，1944 年 8 月 18 日
盟军解放城镇后，一群战时与德军勾结的法国男女被集中在警察局的院子里。女人都被剃了光头，很多男人被行刑队处决

法国，沙特尔，1944 年 8 月 18 日

一位妇女抱着她和德国人生的孩子，被剃了光头走在街上示众，遭到人们唾骂。她自己的母亲（右边手拿一包衣服的男人肩后）也遭到了类似的惩罚

* * *

并不是每个人都碰得上好时光。巴顿的装甲部队在前进路上没遇上什么抵抗，但步兵却不得不苦战以保证巴顿的后路不被德军切断。

欧内斯特·海明威捎信到格兰维尔给我。从解放法国的战役一开始，他就跟随着第 4 步兵师。他说步兵那儿有许多值得拍摄的战争场面，我不该再跟着一大群坦克瞎混了。他派来一辆刚刚缴获的奔驰，专门来接我过去，于是我不情愿地爬进车子，开往他的战场。

那 48 针没有在“老爹”的头皮上留下任何痕迹，而且他还剃掉了那无法复制的大胡子。他欢快地接待了我。作为第 4 师的荣誉成员，他的胆识和军事知识与他的写作一样得到了广泛的尊敬。他在军队里有一支属于自己的队伍，巴顿将军给他派来了公关处的史蒂文森中尉，他是老罗斯福原来的侍从武官。此外他还配有一个厨师，一个司机，一个给他当摄影师的前摩托车赛冠军，他还有自己的苏格兰威士忌配给。

按照规定，他们都属于公关处的人员，但在“老爹”的影响下他们都成了一帮嗜血的印第安人。海明威，作为一名战地记者是不能带枪的，但他的小分队带着你能想到的所有

巴黎南部，1944 年 8 月 25 日
法国勒克莱尔将军（Philippe Leclerc）与第 2 装甲师的同僚在一起

武器，美国造和德国造的都有。他们甚至还有机动化装备，除了那辆奔驰，他们还缴获了一辆带挂斗的摩托车。

“老爹”说几英里以外有一场有趣的战斗，他认为我们应该去查看一下。我们往车斗里放了几瓶威士忌、机枪和一些手榴弹，然后向发生战斗的大方向开去。

第 4 师的第 8 团要夺回一个小镇，“老爹”很快就摸清楚了情况。一小时前第 8 团已经从村子的左翼开始进攻了，他确信我们可以抄近路从右翼不费劲地开进去。

他在地图上指给我看这有多简单，但我可一点儿都不喜欢。“老爹”用嫌恶的眼光看着我并说我可以留下来，而我除了跟着他没有其他选择，但我说得很清楚我是持反对意见的。我告诉他匈牙利人的策略是跟在一群士兵后面前进，而从不是孤身从无人地带抄近路。

我们沿着通往村子的路出发了。“老爹”，他那红头发的司机和那摄影师开着摩托车在前面，“史蒂维”中尉和我跟在他们之后 5 码。我们很小心地前进，经常停下查看地图。最终，我们到了最后一个急转弯，接下去的路就直通村子了。我却没有听见从村子里传来任何枪声，而这让我感觉更不好。“老爹”用枪指着我，嘴里发出“砰砰”声，我跟在后面提出更强烈的抗议。当他到达拐弯处的时候，离他 10 码外有个东西发出强劲的“砰砰”声。那是一颗爆炸的炮弹，他被甩到半空，又掉进一道壕沟。红头发司机和摄影师迅速扔下摩托车，向后撤退。我们四个都在靠路弯的一边保护得很好，可“老爹”这一边却不太好，而且那道沟太浅，他的后背凸出地面至少有一英寸。跟踪子弹就打在他头部的上方，村子入口处的一辆德国轻型坦克还不停地朝这儿开炮。他摔倒两个小时后德国人才分心去对付来自第8团的迟到的进攻火力。

现在“老爹”跑出来到我们这一边，他很愤怒，对我的火气比对德国人的还大，指责我刚才站在一边，对他的危险处境置之不理，否则我就能拍到著名作家阵亡的第一手照片了。

整个晚上，战略家和匈牙利军事专家之间的关系还有点紧张。

* * *

通向巴黎的路在召唤。第3军到达了拉瓦勒（Laval），大约离巴黎60英里，我赶紧追上他们。我们这儿打一阵，那儿打一阵，俘虏了一群新溃败的德国士兵，攻下又一个公报上提到的城镇之后，到了朗布伊埃（Rambouillet）。这是我们进巴黎前的最后一站，而我们不得不在这儿停下——这次是由于政治上的原因。

巴黎人民已经起义并在街上和德军干了起来。盟军最高司令部决定在目前情况下最好由戴高乐的新军，完全美国装备的法国第2装甲师作为解放巴黎的前锋部队先进入巴黎。

法国装甲师集结在朗布伊埃准备最后的冲刺。他们是一支像鸡尾酒一样的混合战队，其中有和蒙哥马利在利比亚沙漠赢得声誉的法国海军陆战队，他们还戴着那种有红色毛球的老海军贝雷帽，还有西班牙共和军和塞内加尔黑人，以及从德国战俘营里逃出来的法国人——他们所有人都带着战士般的轻松笑容。

每个国际打字员也都聚集到朗布伊埃，还有那些战地记者，他们争论并密谋着成为第一批进入巴黎的人并从原来的不夜城发送出历史性的报道。

海明威早在法国军队和记者大军之前就到了朗布伊埃，他自己的四人军队从“抵抗”组织中征召了一些充满激情的年轻人，现在已经发展成15人之多。这支混编队伍跟在“老爹”后面，模仿着他的老海员步伐，从他们的嘴角蹦出不同语言的短句。他们带的手榴弹和白兰地比一个师的配备都多，每晚他们都去骚扰从朗布伊埃到巴黎之间的德军。“老爹”的军队里已经没有匈牙利专家的位置了，所以我重新加入了查理·沃滕贝克的队伍，他有一辆属于自己的吉普车，专为了赶去巴黎准备的。

8 月 24 日，法国人的坦克部队撸起袖子出发了。24 日晚上，我们在一根路标柱子下安营，那路标上写着："多莱昂门（Porte d' Orléans）—6 英里"，这是我睡过的最好的路标。

早上，太阳急急忙忙升起，我们也顾不上刷牙，坦克已经隆隆开上了大道。那是个快乐的早晨，我们上路后，就连我们的司机斯特里克兰都忘了他弗吉尼亚的礼仪，每五分钟就戳一下我尊贵的老板的肋骨。

就在离巴黎两英里处，我们的吉普车被法国第 2 装甲师的一辆坦克拦住了。我们被告知不能再前进了：勒克莱尔（Leclerc）将军下了严格的命令，除了法国第 2 师谁也不能进城。这老家伙真不讨人喜欢，我走出吉普车和坦克里的人争论起来。他们说着带西班牙口音的法语，然后我注意到了那坦克的名字，它的炮塔上漆着"特鲁埃尔（Tcrucl）"。

1937 年冬天，我在西班牙共和军的时候曾经参与了他们最重要的胜利之一，特鲁埃尔战役。我对坦克上的人说："不，伙计，你拦住我是不公平的。我是 vosotros（你们的人）——跟你们一样——而且我亲身参加了那场冷得要命的战役。"

"如果这是 verdad（真的），"他回答道，"而且你说的是

巴黎，1944 年 8 月 25 日
法国第 2 装甲师进城后，有许多潜伏的德国狙击手必须在巷战中除去。
许多法国平民和抵抗组织的战士帮助法国军队参与了这项战斗

巴黎，1944 年 8 月 25 日

巴黎，1944 年 8 月 26 日
庆祝解放

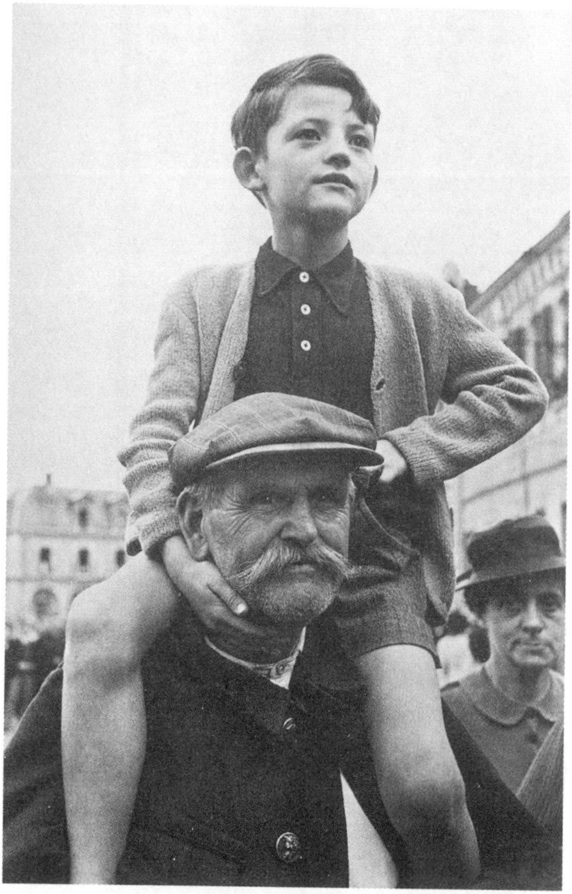

巴黎，1944 年 8 月 26 日

真话，那你就真的是 nosotros（我们的人），你该上来和我们一起坐这辆 verdadero（真正的）特鲁埃尔坦克进巴黎！”

我登上了坦克，查理和斯特里克兰开着吉普车跟在后面。

通往巴黎的路畅通无阻，所有的巴黎人都冲上了大街，他们抚摸驶入的第一辆坦克，亲吻他们见到的第一个人，又唱又哭的。从来没有那么多人一大清早就那么开心。

我感觉这样进入巴黎的方式是专为我准备的。坐着收留过我的美国人造的坦克，和多年前一起并肩反抗过法西斯的西班牙共和军一起，我回到了巴黎——这个教会我用餐、饮酒和爱的美丽城市。

从我照相机的取景器里看到的成千上万张脸变得越来越模糊；那个取景器越来越湿。我们驶过我曾住了六年的街区，经过我在贝尔福狮子像（the Lion of Belfort）附近的房子。我公寓的门房正挥舞着手帕，我在开动着的坦克上对她大喊：“是我，是我！”（C’est moi, c’est moi!）

* * *

我们的第一站停在蒙帕纳斯（Montparnasse）的圆顶咖啡馆前，我最喜欢的座位没有人。穿着淡色裙子的姑娘们爬上我们的坦克，我们的脸很快就被合成唇膏覆盖。我们最漂亮的西班牙小伙得到特别多的亲吻，但他却在嘟囔："和巴黎最漂亮的姑娘相比，我多希望现在吻我的是马德里最难看的老女人啊！"

在议会大厅附近我们必须再次战斗，脸上的一些唇膏不久就被鲜血洗掉了。到深夜的时候，巴黎解放了。

我想在最最好的里茨酒店度过在巴黎的第一晚，但酒店都给订满了。海明威的队伍从另外一条路进入巴黎，经过一场短暂而愉快的战斗后他们占领了主要目标，并从德国佬手里解放了里茨饭店。红头发司机站在入口处，快乐地展示着他刚才掉落的门牙。他用最海明威的口气说："老爹拿下了好酒店。酒窖里有好东西。你快上去。"

他说的全都是真的。"老爹"补偿了我，给了我一个派对，还有酒店最好的房间的钥匙。

十一

巴黎的解放日是世界上最难忘的一天。这最难忘的一天后的第七天是最忧郁的一天，食物没有了，香槟没有了，姑娘们回家去解释解放的事情，商店关门了，街道空了，突然我们意识到战争还没有结束。事实上，它就在25英里外发生着。

第七天我坐在斯克里布酒店的酒吧前，这酒店是军队给新闻记者的犒赏，我正试着教加斯顿调制最有劲的提神饮料，叫“受苦的混蛋”（Suffering Bastard）。他把西红柿汁、伏特加和伍斯特沙司搅拌在一起时，我正在敲响战地摄影艺术的丧钟，这门艺术在六天前的巴黎街头终结了。再也不会有那些在北非沙漠和意大利山脉里的美国大兵了；再也不会有诺曼底登陆这样的进攻了；再也没有能同解放巴黎相媲美的光复了。

我告诉加斯顿重回前线不会有什么好前景，从现在起我将不断拍摄同样的照片。每一个匍匐的士兵，每一辆开动的坦克，或者是疯狂挥舞手臂的人群，都将是我以前在别处拍过的照片的翻版。

加斯顿倒出那混合饮料，我喝的时候他在悼念他自己的英雄时刻。

在被德军占领期间，他参加了游击队在法国南部战斗。他们中的大多数人都是流亡的西班牙共和军，他们的司令是一个叫阿尔瓦雷斯的将军。他们没有坦克，只有几挺机枪，但他们的战争一点儿都不单调。

“现在法国南部已经解放了，”加斯顿说，“我把步枪换成了调酒器。但那些西班牙人还保留着他们的武器，不久他们就要穿过比利牛斯山脉去把西班牙从佛朗哥手里解放出来。”

我喝完那杯酒，感觉全身上下都好多了。

* * *

回到 1939 年 1 月，法西斯占领了巴塞罗那，从巴塞罗那到法国边境的数百英里的路上黑压压的都是逃离佛朗哥军队的人们。知识分子和工人，农民和商贩，母亲、妻子和孩子，他们跟随着缺乏组织的共和军仅有的几辆战车。他们提着包袱，用长满水疱的脚走向民主法国的自由世界。

记者们写下他们的故事，我拍下他们的照片，但世界并不感兴趣。然而仅仅几年后，又有许多人在许多路上，逃亡并跌倒在同样的军队和一模一样的万字旗下。

法国宪兵像所有吃饱穿暖的人一样用无情的冷漠接待了这些筋疲力尽的西班牙难民。一个接一个，难民们到达了边境，共和军的殿后队伍掩护着他们的逃亡。共和军由1000名士兵组成，他们是马德里战斗旅的主力，他们从第一天战斗到最后一刻，但当最后一个平民穿过边境进入法国后，他们别无选择也只能穿过边境。他们的司令，莫德斯托将军（Juan Modesto），笔直地骑在一匹白马上，矗立在边境。战斗旅在闪烁的火把光中迈步前进，他们的步枪干净闪亮，他们的头高昂着，他们的双眼在火光中湿润了，走过将军的时候，他们握紧拳头，举起右臂，高声叫道："Ya volveremos（我们会回来的）！"

惊讶的法国宪兵们也情不自禁举起手敬礼。但后来这整个旅都被赶进了集中营。

* * *

在图卢兹（Toulouse），“法国内地军”的总部，我受到了阿尔瓦雷斯将军的接待。他很年轻，很精明，而且很着急地想要重新穿越边境，但又不得不等待盟军的信号。他确信不会等得太长。盟军已经在去罗马和柏林的路上牺牲了许多生命，去马德里的路会是下一个。

他建议我去参观一下他的军队，总共有 2000 人，都集中在比利牛斯山靠法国这一边的边境小镇上。

我到的时候，那些西班牙小伙子们正在一个小酒馆里开派对。他们唱着歌，喝着红酒，酒是装在一种双口瓶里。他们抓着宽瓶颈把酒瓶举得高高，然后用半张的嘴接住从细口流下的美酒。

房间中间，一个来自安达卢西亚（Andalusia）的深肤色吉卜赛人在弹唱弗拉明戈。其他人在副歌部分拍手应和并叫着“hole ”。吉卜赛人之后出场的是个加泰罗尼亚人，唱着他们省的忧伤的霍塔舞曲（Jota）。加泰罗尼亚人们听着歌曲，眼神温柔；其他人在每首歌的结尾叫着“Muy bien（棒极了）!”接着上来的是个有着农民般宽大脸庞的加利西亚人，他的歌中有绿野和高山。他唱了许多这样的歌，每次唱完一

法国，图卢兹，1944 年 11 月

西班牙全国联合大会。作为一个由西班牙人组成的反法西斯组织，他们认为自己帮助解放了法国，因此盟军有责任帮助他们把西班牙从佛朗哥政权中解放出来，但盟军并没有感觉到这份责任

曲后人们都又让他再唱下一曲。

有一个瘦削的男子从不鼓掌，也不高声叫嚷，现在他上场了。他的胸前挂着许多军章，每一个都代表一场大战役，一些是西班牙的，一些是法国的。他唱了一首我从没听到过的歌，歌词是西班牙语，但那美妙的旋律对我们每个人都很陌生。

当他唱完，全场寂静。然后有人问道："告诉我，hombre（伙计）；这是哪儿的歌？"

"阿兰山谷（Valley of Aran），"他回答道，"离这里 20 英里——大山的另一边。那是个小山谷，只有三个村子，被大山包围着，跟西班牙和法国都很隔绝。那儿就是这首歌的故乡，那儿也是我的诺维娅等了我许多年的地方。"

一个肩上带着军衔的大胡子男人站了起来："我是阿兰山谷前线哨口的指挥官，我提议我们现在就去那儿。"

提议很快就达成了共识，酒馆里的人都自告奋勇穿越山脉去看看这个地方，因为那儿有着如此美妙的歌曲和为一个 20 英里外的男子等待了六年的诺维娅。

他们打电话给图卢兹的总部请求批准，但阿尔瓦雷斯将军说不，这是不可能的。人们变得很沮丧，不管怎么样，装酒的酒桶已经喝干，这个派对也开始散去。

此时总部打来了回电，这一次提议得到了批准：“可以有150人穿越边境，他们必须避免流血并在24小时内回到法国，还需要弄清楚那边的西班牙人怎么看他们流亡的兄弟，以及他们是否知道在法国的西班牙人一直在坚持同法西斯反抗。”

至于那个美国人——我——得留下。总部说我最远只能到边境的哨卡，不然我会制造一起国际争端。

我们爬上卡车，总共100多个人，沿着一条蜿蜒的道路小心翼翼地开上8000多英尺高的大山。边境哨卡是一个小木屋，在那儿我们下了车，一条狭窄的小路通向悬在山顶的云层。那一边就是西班牙。

我和大胡子的哨卡指挥官留了下来，其余人肩扛着步枪，排着一路纵队出发，并消失在云雾中。

* * *

在那小木屋里，我们生了一大堆火，边喝着味道强劲的咖啡边等待着。上午11点，马德里电台打断了一个节目插入一条重要通知：“有1万名西班牙裔的罪犯手持美国武器，身穿法国军服从共产主义法国穿越了边境。离他们最近的军队和长枪队分部已经处于警备状态，预计将很快与他们交战。”

不一会儿满载着法国正规军的军用卡车开上了哨卡，他们命令指挥官和他的士兵马上撤回图卢兹报到，我则和法国人一起留了下来。夜晚降临，但没有一个西班牙人回来。人们围着火堆争论了起来，一些法国人抱怨说那些该死的外国人总在惹麻烦，另一些却记得这些该死的外国人和德国人干起仗来可一点儿都不含糊，而且还解放过一些法国人自己的村庄。但他们都同意西班牙人会像命令上说的那样被拘禁起来。

午夜的时候，站岗的哨兵走了进来，他的军装上盖了厚厚一层雪。法国队长说这太糟了，但那些西班牙人是自讨苦吃，他们穿过高处的山口时双脚会又冻又湿。可他们还是没有回来，晚上只有密集的雪花飘进来。

到了早晨地上积了两英尺厚的雪，天还在下雪，法国人说现在他们不可能穿过那山口的通道了。

但早上 10 点，一个瘦瘦的身影在雾中慢慢接近了木屋，在被大雪覆盖的小道上踩出深深的洞，他孤身一人，肩上扛着六支步枪。法国士兵拦住了他，他上交了步枪并说他准备好了，对此法国队长很难受。他喘着气咒骂着，说逮捕一个从暴风雪中带回六支枪的人是不对的，而他们则叫他赶快消失，到山下的村子里去烘干他的脚。这个西班牙人刚离开几步，又回身看着山顶说道：“Creo que hay otros（我想还会有

法国，图卢兹附近，1944 年 11 月
一名流亡法国的西班牙反法西斯战士。他是那次夭折的行动的成员之一，他和他的同伴们徒步翻越了比利牛斯山，去解放几座西班牙村庄

其他人的）……”然后慢慢地走远了。

下一个人背着他受伤的战友走来，他们也不能逮捕这两个人。到中午的时候总共有 37 个人回来了，所有这些人都太好了，又都处于令人同情的状况，都没被拘留。

渐渐地我们知道了他们的故事。当他们前一晚从山上下去进入西班牙时，整个村子的人都出来欢迎他们，那里的牧师说村子里都知道他们的战斗并一直在为他们祈祷。村里搭起了一张大桌子，他们吃面包、喝酒，还跳了舞。突然他们中有人发出警报说附近驻军地的长枪队正在赶来，于是他们有秩序地撤退，但当爬向山口时，突如其来的大雪让他们措手不及。他们在雪中缓慢地前进，白雪让他们成为长枪队射击时容易捕捉的目标。大多数人被击中，他们冻僵的尸体被留在了西班牙的大雪中。

最后一个到达哨口的人还带着两个小伙子。他就是那个唱起陌生歌曲的瘦个子男子，现在他的嘴抿成了一条细线。那两个在他身后跌跌撞撞的小伙子穿着长枪队的军装。瘦个男子走到火堆旁，叫那两个小伙脱掉鞋子擦脚。

我让他喝了我酒瓶里的酒，他用伤心的语气跟我讲了他的故事：这两个是他的诺维娅的弟弟，他们被迫加入了长枪队。当他们不得已撤退时，姑娘带着两个弟弟和他在一起，上山的中途，他们必须做一个决定。小伙子们要加入法国军队跟德国人打仗，所以诺维娅回村子去照顾母亲……并继续等待也许是很多年之后的团聚。

回西班牙的路很长。马德里的老丑女人可能已经死去，来不及献出她的吻，而能够活着回去的男人们可能到时都老得得不到年轻女孩子的亲吻了。

十二

回到斯克里布酒店时，门卫说有人在酒吧等我——事实上，他已经等了我整整三天。吧台后面，加斯顿正在给一个年轻的美国少校调酒。原来是晋升了的克里斯。

即使从远处看，他都像是刚开始一场惬意的宿醉。我拖了张凳子在他身边坐下，他透过玻璃杯的厚底看见我，放下了酒杯。“是时候了，”他说，“走，我们要回伦敦去。”

从伦敦来的最近几封信显出小粉儿很不满意，但这还不至于让克里斯一早就来这里喝酒。“最后通牒在哪儿?”我问他。

“小粉儿已经受够了给你写信。那没用，她说。现在你的巴黎又自由了，你不再在乎留在英国的东西了。”

我现在不能回英国，这不可能。我解释说我必须拿到英国的签证，而且要登上飞机我还必须得到军队的命令，所有这些都要搞很多天。再说，我必须回到前线去。小粉儿只能等下去。

但克里斯还在坚持，“一切都安排好了，”他对我说，“我借了将军的飞机，至于机场的安检人员，我会对付的，不会有麻烦的。我甚至都已经安排好了飞机明天早上就送你回去。”

不，这还是不好，我回答道。小粉儿已经退了我们的公寓；如果我非法潜入英国，我都没法在任何一家旅馆里登记住宿。

克里斯驳回了我的反对：“小粉儿已经搬到了多切斯特（Dorchester），另外，她的情况真的很糟，你必须得走。我不能让那架飞机等得太久。”

将军的飞机停在机场，飞行员帮我登上了飞机。克里斯在飞机上昏睡了过去，而我开始担忧，战争就快结束了，我不想再有任何护照上的麻烦。

天快黑的时候我们降落在离伦敦20英里的诺斯霍特（Northolt），这时克里斯已经醒来。过安检时，克里斯把我推向前并压低声音对他们说我有“V.O.C.G.”。在吉普车里，克里斯透露说那不是什么传染病的名字，那意思不过是“将军的口头命令”。

* * *

我们一到城里，就打电话到多切斯特。小粉儿早就在等着，她叫我们到旅馆附近的阿斯特俱乐部见她。

她穿着和 18 个月前在亚德利家一样的黑色裙子和黑色凉鞋，但现在她又瘦又苍白。她轻轻吻了吻克里斯的面颊并对他说他是个好小伙，接着转向了我。

“是该回来的时候了。”

“我根本就不该在这儿。”

“你为什么不回我的信？”

“我们跳舞吧。”

我们跳了一会儿舞，大多数时间只是站在舞池中央。克里斯在一边看着我们。

“对克里斯好一点儿，”小粉儿说，“他在恋爱。”

“你就不能让孩子们单独待会儿？”

“别担心；他爱你远远胜过爱我。”

克里斯插了进来，说起大学三年级的舞会。他舞跳得很好，他们是漂亮的一对。回到桌子上，我们喝了一瓶香槟。小粉儿又和我再次回到舞池中央，又跟克里斯跳了两次。刚过午夜，克里斯站起来，说我的飞机早上 9 点要起飞，他会在 7 点准时到多切斯特接我。

我们又待了一会儿，然后也走了。在她的旅馆门口，小粉儿给了我 403 房间的钥匙："你最好一个人进去，"她说，"我马上就来。直接走向电梯，别犹豫，也不要朝前台看。"

我照她的指示做了。但在我等电梯的时候，一个大个子朝我走来。他有一双小眼睛和打了蜡的红色小胡子，穿着闪亮的蓝色西装。我故作轻松，眼光掠过他的眼睛落在他的胡子上。但这没起作用。

"对不起，先生，您登记过吗？"他的语气却一点儿都没有怀疑。

"应该没有，"我回答道，"我是来看帕克小姐的。"

帕克小姐的房间没有客厅，他告诉我，所以她不能接待来客，而且她现在也不在，他就像是旅馆的侦探。我一边结结巴巴地说着什么，一边退出了旅馆。小粉儿这时正走进来。"胆小鬼！"她骂我。

我们穿过帕克大道（Park Lane）走进海德公园。我们的脚陷进潮湿的树叶里，小粉儿一直把手放在口袋里。

"再过几个小时你就又要回到你的战争中去了。"

"我必须走。"

"你会碰到另外一个有趣的故事。"

我无法回答，即使在黑暗里。

“我不再漂亮，如果你现在离开我，我会就此憔悴下去。”

我反对：“你很漂亮。”

“等我变丑了，我就不想活了。”

我们再次经过多切斯特的黑暗的大楼，昏黄的灯光在前门闪着。“战争不会持续太久。”我无力地回答道。

“对你来说那永远都不算久。”

我们再次走进湿草地。小粉儿的袜子湿过了脚踝，凉鞋上也满是泥。我们走过大理石拱门，在一个指向防空洞的箭头前停下。我们走了进去，铁制的行军床上仍有人躺着：那些被炸得无家可归的伦敦人面色疲惫而苍白，即使在睡梦中都无法放松下来，丈夫和妻子睡在分开的床上；孩子们都挤在一张床上。看守走过来问我们要防空洞票子，小粉儿告诉他她只是带她的美国朋友来看看伦敦的另一面，然后我们走回了公园。

光秃秃的树在雾中哭泣，夜在慢慢泛白，我们走过多切斯特很多次。然后我叫小粉儿到巴黎来和我在一起：“你可以从《生活》杂志的女记者那儿借一套战地记者的军装，”我说，“而克里斯能把你偷渡过去。”巴黎附近的奥利（Orly）机场控制并不严格，我解释说，而她只要穿着美国军装到达巴黎，就没人会问她要许可证或护照之类的东西。

她沉默了一会儿，然后提议我们去吃早餐。

在“莱昂街角餐厅”，她脱下鞋，在散热器上烘干了袜子，然后低下身重新穿上袜子和鞋子。她头也不抬地问：“你真的要我过来吗？”

我向她保证我是当真的。

“是的，可能吧，”她说，“你有胆子背着降落伞从飞机上跳下去，但却害怕一个小小的旅馆侦探，你还对爱情怕得要死。我会去巴黎的。”

她在脸上擦了些粉，倒了茶，开始滔滔不绝，好像换了另一个人。她要知道她能不能买到琶音香水，有没有穿晚礼服的机会，是不是应该带一台打字机，还有我们住在哪儿。我对一切都说“是”，并描述了兰开斯特酒店的舒适设施。

茶和吐司都冷了，但早餐却吃得很愉快。

7点，我们在正苏醒过来的多切斯特门口找到了克里斯，他的脸色发青，说是昨晚睡在车里。小粉儿跟我吻别，然后消失在旋转门后。在车上克里斯问起昨晚的事，他保证一定尽快把小粉儿带到巴黎。

他又用“V.O.C.G.”帮我通过安检登上了一架货机。离开之前，他说“V.O.C.G.”实际上是指“非常平庸的卡帕走了”(Very Ordinary Capa Going)。然后他加上一句：“我希望巴黎没有旅馆侦探这种家伙。”

我对他说他这是在嘲讽我。

十三

空空的吧台后面，加斯顿在看报。不可阻挡的巴顿将军又在进攻了，并已经穿过萨尔河（Saar）进入了德国。加斯顿说这事非常重要，然后又加上一句，说每一个真正的新闻记者都已经出发去前线了。

来到《生活》巴黎分部，我收到一叠电报，都是我纽约的老板发来的，他和加斯顿的感觉一样，并敦促我赶快加入巴顿的军队。所以我整理行囊，回到了这场“大战”中。既然现在我们是在德国的土地上战斗，我希望我的照片又可以变得激动人心了，也许跟过去的战役有点不同。

我加入了萨尔河附近的第80师。有两个营已经过河进入德国，德国人把他们的重型火力都集中在那个小小的桥头堡，大多数炮弹都落在浮桥周围，如果没有这些浮桥，那两个营的兵力就得不到食品和弹药的供给。

在萨尔的山谷里我发现了一种新型武器：从火药桶里放出来的人造大雾。这东西覆盖了整个地区，让人根本看不见自己鼻子前两码以外的地方。大雾由一个黑人营通过生火制造而成。在这流动的气体里黑人和白人看上去都像是灰色的影子。我停下跟一个黑人士兵聊起来，他说那些爆炸的炮弹在对他说话，每一个都传达一个特定的信息。一颗炮弹正打在附近，他笑着说："这个听上去像'你回不了阿拉巴马'。"

炮弹散发出的烟让这大雾更浓了，但这并不影响士兵们继续造雾的工作。我的吉普车慢慢开过拥挤的桥，我好像是唯一一个感到害怕的人，但我很高兴能回到前线。

在萨尔河的另一边，我在一座小型建筑物的地下室里找到了营指挥所，接下去的几天，这儿成了我的家。反正人造大雾也让我拍不成照，而且我相信军队制造这东西不光是针对敌军，也是针对摄影记者。我找到了一本《战争与和平》，于是我就躺在铺盖上就着我手电筒的光读了五天四夜的托尔斯泰。

这里对任何人来说都不是个好地方，尤其对摄影师来，简直让人绝望，但我的铺盖很暖和，书也很好读。至于周围的声响效果，更像是特意来配合我阅读的。

待在地下室里，我们同外面的世界隔绝了；而战争正在我们房子附近的街道上进行着。我们不太注意每天关于其他战线的公报，直到我们收到一份特别的通告，上面说伦德施泰特（Gerd von Rundstedt）的军队突破了我们的防线正向列日（Liége）进发。起初我们还不信，但随后电台确认了这个消息。我把《战争与和平》留在了地下室里，重新跨过了萨尔河。

凡尔登的第12集团军指挥部炸开了锅。德国人还在进发，而在重组军队之前，我们只留了三个师阻挡他们。那是三个空降师，有一个已经被包围并被切断了同其他军队的联系，尽管他们还在一个叫巴斯托涅（Bastogne）的小镇继续着战斗。这就是第101空降师，后来他们成了这场战争的传奇之一。

军队情报处关于德军进攻的情报有点棘手。根据他们的报告，那些德军要么已经被歼灭，要么就是全集中在东线。现在情报处拒绝发布任何信息，一切都是绝密。然而，我从公关处长官雷丁上校那儿得到一个内部消息，他说如果我对巴斯托涅感兴趣，可以去找第4装甲师。他给了我一辆吉普车，我发动引擎向巴斯托涅方向出发。

每隔几英里我们都会被特勤宪兵队拦下，他们仔细检查我们的命令和身份证件，询问一直在变化的密码。当我们说出了密码，他们继续问我一些非常愚蠢又非常令人尴尬的问题：他们想知道“内布拉斯加州（Nebraska）的首府是哪儿？”；还有“职业棒球联盟大赛的新一届冠军？”他们解释说德国间谍和破坏者已经空降到我们的通讯线后方，现在正穿着美国军装，说着漂亮的英语混在军队里大摇大摆。我的英语一点儿都不漂亮，而且我的口音也不太入时，更糟的是，我不知道内布拉斯加的首府。我被逮捕过很多次，每一次都耽搁了很多时间。

最后我们到了第4装甲师的师部，离巴斯托涅只有大约20英里。他们的坦克正向前推进去解救被困的空降部队，而后者现在已经被打得够呛，而且弹药紧缺。

我像往常一样到情报处报到，但我刚告诉上校我是个摄影师，就被捕了。我被押在一个角落里并被命令面对墙壁——这样我就看不见战斗态势图了。他们最后接通了雷丁上校的电话，我被允许转过身。那情报处的军官连抱歉都不说一句。现在可不是敌侨的好时代。

* * *

圣诞节前两天。地上全被大雪覆盖，气温在零度以下。我们手脚冰凉，眼睛禁不住流着眼泪，夜以继日地向巴斯托涅推进，给 101 师的小伙子们带去圣诞火鸡。队伍里有许多记者，我是唯一一个摄影记者。我把我所有的衣服都穿上了，而在最外面还穿着一件带毛皮风帽的长派克大衣（parka）——这还是我去年在意大利前线从山地特种部队那里借来的。

我的脖子上挂着那冰冻的照相机，而我戴着手套的手根本没法在快门上保持哪怕很短的一瞬间。离巴斯托涅还有五英里的时候，我让吉普车停在路上。一个营的步兵正走下公路，向大雪覆盖的田地里前进。雪白的地毯上或站或躺着一些黑色的人影，爆炸的炮弹散发出的浓烟漂浮在他们头顶。这是我长久以来看到的第一幅不同寻常的战争画面。我爬上路堤，拿出那个安着最长镜头的康泰时，开始拍照。突然步兵营里的一个士兵，在 150 码以外对我叫着什么，同时举起了他的冲锋枪。我也大叫道："放轻松！"但他听到我的口音后就开始射击。那一瞬间我不知道该做什么，如果我扑倒在雪地上，他仍然能打到我；如果我跑下路堤，他会追过来。我把双手高高举起，大叫："投降！"三个士兵向我走来，手

举着步枪。当他们走近看清楚我脖子上的三台德国相机时，他们都乐了。两台康泰时一台禄莱——他们中大奖了，我就是那奖品！我仍然高举双手，但当他们走到离我只有一杆步枪的距离时，我叫他们中的一个搜我胸前的口袋。他拿出了我的身份证和由艾森豪威尔亲自签署的特别摄影许可。“我刚才真该打死这杂种！”他嘟囔着。跟这三个俘获我的士兵相比，那漫画里著名的“悲伤的糊涂兵（Sad Sack）”形象都显得高兴得多。我放下双手，帮他们拍了照片，并保证他们的照片会登在《生活》杂志上。

我重新加入坦克部队，和一个拉长调的得克萨斯口音司机一起前进让我觉得安全多了。

现在是圣诞夜，天空中缀满了星星。我们停止前进，跳下车，围着冰冷的坦克分成一组一组。我传递着我的银酒壶，冰冷的白兰地暖和了我们的胃，那些在白天杀德国鬼子，瞄准带口音的可疑分子的士兵们紧紧抱在一起开始高唱“Stille Nacht, Heilige Nacht（圣诞夜，圣善夜）”[1]。突然，仿佛是伯利恒之星，一颗明亮的星星在巴斯托涅的上空亮起来。那是德国飞机的灯光，德国空军在给 101 师送圣诞礼物。我们骂着

1　圣诞颂歌《平安夜》第一句的德文歌词——编注。

比利时，巴斯托涅南部，1944 年 12 月 23—26 日
一名被美军俘虏的德国士兵

比利时，巴斯托涅南部，1944 年 12 月 23—26 日
一位当地农民在掩埋他的马

说不出口的语言，重新登上了坦克。

在通往巴斯托涅的三条路上，我们的三位足智多谋的上校正带领各自的战斗团队给101师送去罐装食品和弹药作为礼物，他们也看到了那颗星星，于是也开始行动了。

我跟随的战队由艾布拉姆斯中校指挥。他看上去像一个抽雪茄的犹太王，并发誓说他将是第一个到达城里的人。

第二天黄昏，经过许多战斗之后，我们到达了一个小山顶。巴斯托涅就在我们下面，就隔着3000码的距离和2000名德军。艾布拉姆斯让坦克挨个排成行，然后下令进攻。他叫他的部队不停前进，不停射击，不要停下瞄准，直到他们到达下面的市镇。

101师的指挥官，麦考利夫将军（Anthony McAuliffe），那个面对德军的投降要求回答“呸！”（Nuts）的人，其实很有礼貌。“见到你真高兴，中校。”他见到艾布拉姆斯时说。他没有在开玩笑。

在一座废弃谷仓的烧焦的黑墙上，用白色粉笔潦草地写着麦考利夫的部队的传奇：基尔罗伊到此一游[1]。

1 Kilroy was here，是第二次世界大战期间美军的一种流行文化，美军所到之处都留下了“基尔罗伊到此一游”的涂鸦。——编注

十四

1945 年 春

在巴黎的雪地里，盟军士兵和法国姑娘们打着雪仗。德军最后的反扑也被击退了；战争的最后一个寒冬正在等待最后的春天的到来。

我在等小粉儿。

《生活》杂志巴黎分部的头儿，狡猾的埃尔默 · 洛热邀我去开一个小会。他的桌上摆着两份电报，一份是纽约总部来的，说我关于巴斯托涅的报道非常棒，作为奖赏，我可以任选四支美国军队中的一支跟着开进柏林。另一份电报是伦敦分部会计部的头儿发来的，他说长久以来他一直拒绝为我打扑克赌输的钱报销，现在也肯定不会批准我的裁缝寄去的定制一套女式军装的账单。

埃尔默自己也有好消息告诉我。除了已经在战场上的四支美国军队，第五支军队——第 1 联合空降军（First Allied Airborne Army）——也已经准备就绪，而且有消息说战争会随着这支空降部队飞进柏林而告终。他说这支 3A 部队只能带三名记者：一个报纸记者，一个电台评论员和一个摄影记者。图片库的成员们一致同意由我担当此任。埃尔默说他不想逼我跳伞，但如果我喜欢这主意，他不会反对我待在巴黎直到行动开始。

一天跳伞换 60 天和小粉儿在一起的快乐时光，看上去是笔好买卖——至少在第 59 天到来之前是的。我接受了这任务，并从我的薪水里拿出钱电汇到伦敦给那个不懂规矩的裁缝。

从伦敦来的下一封电报给我传来一个简短的个人信息：卡帕小粉儿兰开斯特酒店 2 月 15 日。目前，我住在为战地记者准备的斯克里布酒店，但我预定了从 15 号起两间兰开斯特酒店最好的房间。

小粉儿的 D 日来了，我在我们的滩头阵地准备好了鲜花和香槟，在那儿等了一整天。到晚上我感觉到我可能不得不一个人闻着鲜花喝香槟了。而事实上，这场愚蠢的热切等待的戏持续上演了许多天，结局都是一样。到 20 号，伦敦又发来一封卡帕小粉儿字样的电报：放弃兰开斯特，任何情况下都不要来伦敦，稍后解释。我付了鲜花和香槟的钱，搬回了斯克里布酒店。

加斯顿说我不开心。他现在只提供劣质白兰地，但他是个出色正直的酒保。我发表了一通关于女人的演讲，从一般，到个别。加斯顿只是简单地说了一句："先生应该去做些冬季的运动。"

一个人抽着雪茄在高山上滑雪是个不错的主意。另外，我认识的一个非常漂亮的法国姑娘前几天刚出发去默热沃（Mégève）登阿尔卑斯山。

我跟埃尔默·洛热道别，我跟他说我做了笔亏本买卖，出发的日子定下来后他可以往默热沃给我发一封电报。然后我就和大雪战斗了30天，学了不少法国的滑雪技巧，而且每天都有一瓶满满的热水，睡得很好。

埃尔默发电报来的时候已经是春天了，是该让每个滑雪者都去跳伞的时候了。我的皮肤晒得够黑，身体也够健康去做一个懦夫，但我回到了巴黎。没有小粉儿的信，加斯顿建议道："先生应该回到战场上去。"他是个消息灵通的酒保。

* * *

大结局开始了，伟大的空降进入德国的行动，始于那些从一战遗留下来的法国火车车厢，那车身上还有著名的镌刻"40 hommes et 8 chevaux"[1]。整整48个小时,美国第17空降师挤在长长的货运列车里，被拖着走遍了法国。这是为了迷惑敌军间谍。经过两天的故弄玄虚之后，我们的将军们觉得部队和德国间谍都已经被折腾得够累了，于是我们到了一个靠近机场的封闭营地，离我们出发的地点只有60英里。

到营地后，留给我们做战前清洗枪支和头脑的时间已经不多了。行动前一天，我们被告知将同一支英国空降师一起空降到莱茵河的另一边，正好在德国防线的中心。

大战之前，以前的匈牙利人和希腊人都会献祭白马和其他昂贵的动物。那天下午，美国空降兵们献出了他们的大部分头发，都剃了个印第安式的发型。他们说到第二天晚上没有头发地活着，总好过满头长发地死去。我留着头发，但觉

---

1 40 hommes et 8 chevaux，40个人或8匹马。源自第一次世界大战时法国向前方运送部队的火车车厢。每辆车厢都有"40/8"的标识，说明车厢可装载40名男子或8匹马。一战中的美军也曾搭乘这种车厢开赴前线。这种运输方式条件简陋，但也成为袍泽同甘共苦的象征。——编注

得很渴。跳伞是治疗宿醉的最好办法，所以如果不喝一点儿上飞机简直是浪费。但这儿没有酒。第 17 空降师是一支无发、无酒的部队。

就在天黑之前，一架小型教练机在我们营地上空绕了几圈，然后降落在营地正中。来的是克里斯·斯科特少校。第 9 空运司令部又一次在我们的任务开始之前飞来，而克里斯仍然掌管着新闻的发布。他刚从伦敦飞来，给我带来小粉儿的包裹和消息，里面是一瓶苏格兰威士忌，而克里斯跟我讲了个长长的故事。

2 月 15 日，他开始说，第 9 空运司令部在英格兰靠近莱斯特（Leicester）的总部举办了一个大型舞会，克里斯邀请小粉儿带着行李一起来。舞会过后，他打算把小粉儿藏起来，再把她送上第二天一早去巴黎的飞机。

舞会很成功，小粉儿成为注意的焦点。舞会一结束，小粉儿换上她战地记者的军装，他们向机场走去。不幸的是，舞会上和她跳过舞的一个小伙子在机场认出了穿美军军装的她，打电话通知了当地警方。

小粉儿在登上飞机前被捕了。她不想供出克里斯或牵扯上我，所以她说了一个没人会相信的荒诞无稽的故事。他们认定她是个间谍，她在强光灯下坐了很多天，反复说着同一个没人相信的故事。

最后她被释放了，但继续被跟踪。就在那时她打电话给《生活》要他们给我发信叫我不要来英国。她尝试写信，但她的信件都受到审查，在信里没法写任何真话，所以克里斯两次飞来告诉我这件事，但我却在别处滑雪。

现在，克里斯总结道，小粉儿已经和她的父母回家了。她把她的爱连同这瓶酒一起捎给了我。

克里斯告诉我这件事的时候，表现得很痛苦。我问他是否非常爱她。"是的，"他回答道，"我一直都想跟你谈这事，但小粉儿让我发誓不说。"

我叫他现在说。"不，"他说，"明天你就要跳伞了，我会和一些摄影记者乘一架空中堡垒，飞在你们队形的前面，他们会拍一些跳伞的照片。第二天晚上我们能碰头，我会在莱茵河这边的第一个机场等你，那时再把事情谈清楚会比较好。"

我们就这样达成了一致，我们喝了半瓶苏格兰威士忌，我把另一半倒进我的随身酒壶里。

* * *

从北非到莱茵河，有太多的D日了，每一个D日我们都要在半夜起来。黑夜的结束往往就意味着死亡的开始。但是这次进攻不同，我们在早上 7 点吃了双份的战前新鲜鸡蛋，之后很快就出发了。

我和飞行团长乘坐打头的飞机，我被安排在他后面跳伞。在上飞机前，情报处的少校把我拉到一边。如果跳伞信号灯亮了，而我前面的“老家伙”有任何问题的话，他叫我把他从门里踢出去。这给我一种非常重要又非常舒服的感觉。

我们的飞机低空穿越了法国。透过飞机打开的门，小伙子们看着现在已经恢复和平的法国风景快速飞过。没有人吐，这是一次非比寻常的进攻。

上千架飞机和滑翔机同时从英国和法国的机场起飞，我们约在比利时的上空会合。从那儿开始，我们一起排着紧凑的队形飞行。我们的影子穿越了那些解放了的国家的公路和街道，我们能看到向我们挥手的人们的脸庞。连狗都变得痴狂，跟着我们的影子奔跑。在我们两边是拖着滑翔机的飞机，看上去好像有人在从英吉利海峡到莱茵河的上空串起了线，每隔 100 码就挂着很多玩具飞机。

我不想再多看或多想，开始装模作样地读一本悬疑小说，到 10 点 15 分才读到第 67 页。红灯亮起来，开始准备跳伞了，有一瞬间我突然有个愚蠢的想法，我想说：“对不起，我不能

法国，阿拉斯（Arras），1945 年 3 月 23 日
一名美国伞兵留着莫霍克发型（Mohawk，讹传为莫西干发型）
以求好运并象征团队精神

跳，我得看完我的小说。”

我站起来，确保照相机绑好在腿上，还有我的酒壶在胸前的口袋里。离跳伞还有 15 分钟。我开始回想我的一生，那就像从一架发疯的放映机里放出来的电影，在短短的 12 分钟里我看见和感受到我吃过以及做过的一切。还有 3 分钟，我觉得很空虚，我站在打开的机舱门前，上校的身后。我们身下 600 英尺就是莱茵河，子弹开始像小石子一样打在我们的飞机上。绿灯亮了，我根本不用去踢上校。小伙子们高声喊着“Umbriago”，我数着 1000，2000，3000，在我头顶是我可爱的打开的降落伞。从空中到地面的 40 秒相当于我爷爷的钟上的几个小时，在落地前我有足够的时间松开照相机，拍几张照片，想六七件事。落地后我继续摁快门。我们都趴在地上，没人想站起来，第一种恐惧已经过去了，而我们都不想开始第二种。

10 码之外是高高的树，在我们后面跳的一些人就降落在树上，现在正无助地挂在离地 50 英尺的地方。

一架德国机枪开始对这些挂着的人射击。我开始高声骂起长长的匈牙利话，把头埋进草丛里。趴在我旁边的一个小伙子抬起头。

“别再喊这些犹太祷告词了，”他叫道，“它们现在帮不了你。”

我翻身仰面躺在地上。在我们上空只有一架飞机，就是克里斯的那架银色空中堡垒，它掉过头，欢快地点了一下翅膀，突然燃烧了起来，冒着烟开始下坠。“那个克里斯，”我想，“他骗了我，成了英雄。”然后，就在飞机消失在树后之前，我看见7个黑点——7个黑点变成了7朵丝质的花。他们跳伞了；他们的降落伞打开了。

到上午11点，我已经拍完了两卷胶卷，我点了一支烟。11点半我从我的酒壶里喝了第一口酒。我们已经在莱茵河的另一边打下了坚实的基础，我们团已经从坠毁的滑翔机里拿出了枪，我们也到达了我们应该占领的公路。虽然牺牲了很多人，但这次比萨莱诺、安齐奥或是诺曼底都轻松。那几次战役的德国人足以在这里把我们全干掉，但这里的德军被我们打败了。到下午的时候我们和其他团会合了。我关上照相机，我已经拍了足够多的照片，开始寻找克里斯。

晚上我试着向莱茵河走去，但我们仍然没有同河对岸驳船上的军队会合。我找到一个漂亮的丝质大降落伞，把自己卷在里面，睡了过去。那丝面很温暖，我的梦像是在发电报。“回去滑雪，回去滑雪。”电报不停地重复这句话，有时署名是小粉儿，有时是《生活》杂志。

早上我到达了莱茵河。河上已经搭起两座浮桥，上千的

德国，韦瑟尔（Wesel）附近，1945 年 3 月 24 日
空降中的美国伞兵

德国，韦瑟尔附近，1945 年 3 月 24 日
一些伞兵降落时挂在了树上，成了敌人的活靶子

德国，韦瑟尔附近，1945 年 3 月 24 日

枪支和士兵正在过河，他们都问我昨天的跳伞怎么样，我说了一个夸张的故事，但他们并没在意。

我找到了机场，问他们是否知道斯科特少校的消息。“他被带到这里过，伤了脚踝，”一个空军军官告诉我，“半小时之前他被送回了伦敦。”

从莱茵河到奥德河（Oder），战争从射击变成了抢劫。盟军士兵边打边前进，遇到的抵抗越来越少，却发现越来越多的照相机、鲁格手枪（Lüger）和年轻姑娘。进入德国腹地，他们才发现德国人是个非常干净的民族，那些农场和房子不像前几次战役中碰到的样子，倒更像是他们自己家乡的那些。

战争还没有结束，但盟军士兵和德国姑娘的亲善活动却已经开始了。只有那些在布痕瓦尔德（Buchenwald）、贝尔森（Belsen）和达豪（Dachau）解放了集中营的士兵们没有和年轻姑娘亲善。战争正渐渐停止，进入了一个混乱的消退期，士兵们在射出他们最后的几发子弹的同时，精神上已经开始打点回家的行囊了。

从莱茵河到奥德河我没有拍照。那些集中营挤满了蜂拥而至的摄影记者，而每一张新照片带来的恐惧只会削弱整体的效果。现在，只要短短一天，所有人都会看到那些在集中营里的可怜的人们经历了些什么；但明天，很少有人会在意他们的未来还会发生些什么。

德国人，现在变得神情阴郁，也突然友好起来，但他们对我的照相机并不感兴趣。我想见见第一个俄国人，然后就把我的战争打包。

俄国人在柏林战斗。其他的俄国人在美国人到达莱比锡废墟的门口时也到达了奥德河。在莱比锡我们碰到了又一场硬仗，城市由希特勒冲锋队（Storm Trooper）的精英把守，但他们也像其他人一样，在杀了足够多的美国人和自己人之后也会高喊“朋友！投降！”

我和第5步兵师的一个营一起来到一座通向城市中心的桥前。第一个排已经在过桥了，我们非常怕它随时会被德国人炸掉。角落里有一座时髦的四层公寓大楼俯瞰着这座桥，我爬上四楼想看看这最后一张步兵匍匐前进的照片是不是可以成为我的相机的最后一张战争照片。这座布尔乔亚（bourgeois）公寓的四楼开着，五个属于重武器连的士兵正在架一挺机枪来掩护桥上前进的士兵。从窗口的位置很难射击，所以那中士和他的伙计把枪移到了外面不受掩护的阳台上，我站在门那儿看着他们。枪架好之后，中士退了回来，年轻的下士扣动了扳机，开始射击。

最后一个士兵射出最后的子弹看上去跟第一个士兵没什

德国，韦瑟尔附近，1945 年 3 月 24 日
一家德国人躲在散兵坑里

德国，韦瑟尔附近，1945 年 3 月 24 日

德国农民逃离他们燃烧的房子

么太大的不同。等这张照片传到纽约，没人会想要刊登一张普通士兵用一挺普通的机枪在射击的照片。但这孩子有一张干净、单纯、非常年轻的脸，而且他的枪还在射杀法西斯。我走到阳台上，站在两码之外，把相机聚焦在他的脸上，摁下了快门。这是我几星期来拍的第一张照片——也是这孩子生前最后的一张照片。

悄无声息地，那紧绷着的身体放松下来，他猛地坍倒进公寓房间里，他的脸没有任何改变，除了双眼之间的那个小洞。一摊鲜血从他垂下的脑袋边流淌出来，而他的脉搏早就停止了跳动。

中士摸了摸他的手腕，跨过他的尸体，抓起机枪。但用不着再射击了，我们的人已经到达了桥的另一边。

我拍下了最后一个死去的人。在最后一天，一些最好的人死去了，但活着的人会很快忘记的。

* * *

我们在莱比锡停下了脚步。该做的都已经做了，现在我们得到的命令都是不该做什么。军队必须停下等待进一步的命令，而新闻记者们被警告不许试图进入柏林或接触俄国军

德国，莱比锡，1945 年 4 月 18 日

德国，莱比锡，1945 年 4 月 18 日
被狙击手射杀的美军士兵

队，他们就在 15 英里之外。从现在开始一切都要以一种官僚主义的方式进行。军队许诺会组织一个和俄国人的庆祝集会——特别为将军和新闻记者们准备的。

我们发出了最后的报道，然后待在美国第 1 军的新闻中心等待，大多数新闻记者都在那儿。有些是从北非就跟随战争一路到这儿的，但许多都是新人。新人们充满激情地撰写着漂亮的报道，但那些老伙计们则显得很安静，调养着战争带来的不适感，喝着最后的酒。

在莱比锡的第一晚我们很早就上床睡觉了。半夜的时候，哈尔·博伊尔，这个最不知疲倦的老伙计，把我们叫醒了。他说："厄尼没了。"厄尼·派尔那天在远离我们的伊江岛（Ie Shima）被杀。我们都起来，在沉默中把自己喝到傻。

* * *

许多战地记者都从伦敦和巴黎赶来参加这个同俄国人的历史性会面。其中一个来自哥伦比亚广播公司的记者问我是不是克里斯·斯科特的朋友。我说是，他怎么样？他回答说克里斯在伦敦，腿还有点儿跛，正准备和一个英国姑娘结婚。

我不再关心俄国人了。这个 CBS 的记者给了我他伦敦公寓的钥匙，我开着一辆德国产福特直接到巴黎。在那儿我申请了去英国的命令和签证，并发电报给小粉儿说我回来了。

十五

我在小粉儿的家门口付了出租车费，打开车门时我看见了她。她在外面等着我。

“你现在一定要来，”她说，“你想再把一切都毁了？”她戴着眼镜，看上去不错，而她的声音有点异常。我注视着她，她说：“我在多切斯特给你订了间房。”我又招了一辆出租车，我们坐了进去。我给了司机那个CBS记者在波特兰广场的公寓地址。

到了公寓，她坐在一张大椅子上，而我站在冷冷的壁炉旁，我们俩都没说话。过了一会儿，她摘下眼镜用她以前的声音对我说：

“现在我见到了你，你看上去跟过去没什么不同。”

“我还是一样，我没变过。”

“我不一样了。过去的两年里，你有你自己的生活，但我只有等待。现在我爱上了一个人——而且也被深深地爱着。”

我说这不可能，这都是因为战争和护照的愚蠢事件，那些围绕着我们的麻烦事给她造成的紧张。“我们还拥有两年前初次见面的那一天……还有许多好日子在后面。”

“为什么你以前不这么说？”

我没有回答。“他对你来说太年轻了，”我最后说。

“现在我有一个美好的梦，你为什么要破坏它？”

我再一次沉默。

“另外，”小粉儿加上一句，“克里斯不会骗我。”

我们在壁炉里生起了火，然后我去CBS藏酒的地方拿回来两瓶酒。坐在壁炉旁喝着酒，渐渐地我们开始更放松地谈话。我们坐着，说着，不吃也不睡。我争论着，我辩解着，我还诅咒着，乞求着，最后几乎要揍她了。但她抽泣着，驳斥着我，坚定不移。

我们窗前的灯变换了几次。第二天早晨，我们坐在地板上，周围满是空酒瓶和一堆正在熄灭的炉火。小粉儿有点憔悴，但很美，我觉得我已经把她赢回来了。我说我要去刮个脸，然后我们一起去吃早餐。

在我刮脸的时候，我听见她在打电话。当我走出盥洗室，小粉儿已经穿上了外套，化好了妆，戴上了眼镜。她说："我要吻你。"然后走了出去。门前有两瓶牛奶和两份报纸，报纸的头版用不同寻常的粗体字写着：

欧洲战事结束

这下真的再也不必在早上起床了。

图书在版编目(CIP)数据

失焦 / (匈) 罗伯特 · 卡帕著 ; 徐振锋译 . —3 版
—桂林 : 广西师范大学出版社 , 2017.10 (2024. 3 重印)

ISBN 978-7-5598-0337-5

Ⅰ . ①失… Ⅱ . ①罗… ②徐… Ⅲ . ①卡帕 (Capa, Robert 1913-1954) - 回忆录②第二次世界大战 - 史料
Ⅳ . ① K837.125.42 ② E195.2

中国版本图书馆 CIP 数据核字 (2017) 第 239517 号

广西师范大学出版社出版发行

广西桂林市五里店路9号　邮政编码：541004
网址：www.bbtpress.com

出 版 人：黄轩庄

全国新华书店经销

发行热线：010-64284815

山东韵杰文化科技有限公司

开本：1720mm × 960mm　1/32

印张：9.5　字数：60千字　图片：89幅

2017年10月第3版　2024年3月第6次印刷

定价：52.00元